全国教育科学“十一五”规划课题研究成果

高职大学生就业指导

主　编　匡志盈　杨庆华

主　审　丛　森　赵　沛　王滨有

编　委　匡志盈　杨庆华　贾少英

李　浩　韩小军　王福洵

陈泽明　张砚秋　杨兴强

张春荣　李　琳　刘　洋

姚志敏　左卫丰　匡永利

北京邮电大学出版社

·北京·

内容简介

本书根据《教育部关于当前形势下做好普通高等学校毕业生就业工作的通知》(教学〔2008〕21号)精神和教育部办公厅关于印发《大学生职业发展与就业指导课程教学要求》的通知(教高厅〔2007〕7号)编写的。本书的内容紧密结合高职大学生的实际,根据高职大学生就业的新形势和客观需要,体现高职高专特色,将"典型案例"、"阅读思考"、"自我测试"、"活动感悟"等情境化的教学环节引入到就业指导的教学过程之中,为该课程的教学提供了一定的理论依据和实践模式。本书共分9个部分:绪论、第一章树立正确的就业观念、第二章职业生涯设计、第三章就业政策与就业市场、第四章求职择业心理准备、第五章求职择业基本技能、第六章自主创业、第七章就业权益与法律保障、第八章适应社会走向成功。

图书在版编目(CIP)数据

高职大学生就业指导/匡志盈,杨庆华主编.—北京:北京邮电大学出版社,2009

ISBN 978-7-5635-1909-5

Ⅰ.高… Ⅱ.①匡…②杨… Ⅲ.大学生—职业选择—高等学校:技术学校—教学参考资料 Ⅳ.G647.38

中国版本图书馆CIP数据核字(2009)第016596号

书　　名:高职大学生就业指导
主　　编:匡志盈　杨庆华
责任编辑:满志文
出版发行:北京邮电大学出版社
社　　址:北京市海淀区西土城路10号(邮编:100876)
发 行 部:电话:010-62282185　传真:010-62283578
E-mail:publish@bupt.edu.cn
经　　销:各地新华书店
印　　刷:北京忠信诚胶印厂
开　　本:720 mm×1 000 mm　1/16
印　　张:12
字　　数:193千字
印　　数:1—5 000册
版　　次:2009年3月第1版　2009年3月第1次印刷

ISBN 978-7-5635-1909-5　　定　价:19.80元

前 言

本书是全国教育科学“十一五”规划课题“和谐德育的研究与实践”子课题研究成果。随着高等职业教育的发展，高职院校就业指导课程的教学环境、对象和实际要求均发生了较大变化，迫切要求根据新的形势和客观需要对该课程的教学模式和方法进行新的思考和探索。本教材对于切实提高高职大学生就业指导课程的教学质量提供教学依据和实践模式。本书的编写是在党的十七大和十七届三中全会精神指引下，为了贯彻《教育部 人事部 劳动保障部关于积极做好 2008 年普通高等学校毕业生就业工作的通知》(教学〔2007〕24 号)、《教育部关于当前形势下做好普通高等学校毕业生就业工作的通知》(教学〔2008〕21 号)和《国务院办公厅关于加强普通高等学校毕业生就业工作的通知》(国办发〔2009〕3 号)等相关文件的精神编写的。本书的编写以就业为导向，紧密结合高等职业教育的特点，为高职大学生顺利就业、适应社会、走向成功提供必要的指导。

本书的特点和创新是:贯彻落实科学发展观，体现高等职业教育的特征，贴近高等职业教育的培养目标和生产、管理、服务第一线职业岗位的需求。在教学的实践性、艺术性、教学模式和方法等方面有所创新，将“典型案例”等情境化的教学环节引入到就业指导的教学过程之中，体现师生的双向互动，调动学生学习的积极性。基本理论部分贯彻少而精的原则，反映时代要求。在全书的不同章节中，分别设计出“篇首案例”、“交流研讨”、“点评分析”、“阅读思考”、“自我测试”、“活动感悟”等版块。情境化的教学方案设计具体明确，具有可操作性，有助于增强教学的针对性、实用性和有效性。

本书是由北京联合大学应用科技学院、保定职业技术学院、北京科技经营管理学院、北京科技大学延庆分校等高职院校的有关教授、专家和有教学经验的教师组成课题组组织编写的。在课题组研讨和本书编写过程中，王滨有教授在统编、审定和修改等方面做了大量工作。

本书由匡志盈、杨庆华担任主编。各章的编写分工：绪论、第2章、第3章、第7章由匡志盈、李浩、韩小军、李琳、刘洋、姚志敏等编写；第1章、第6章由贾少英编写；第5章由王福淘、左卫丰、匡永利编写；第4章、第8章由杨庆华、陈泽明、张砚秋、杨兴强、张春荣等编写。在编写过程中，参考、引用了有关报刊、杂志和网络的图片、资料，在此一并予以感谢。由于我国高等职业教育起步较晚、经验不足，加之作者水平有限，书中难免有疏漏之处，诚望同仁、专家、读者批评指正。

编　者

目 录

绪论

随着我国高等教育进入大众化时代。高职大学生就业面临着新的形势和挑战，并成为政府高度重视、社会广泛关注的问题。做好其就业指导工作，对学生个人、高职院校乃至国家都具有重大意义。

一、高等职业教育与高职大学生就业

1. 高等职业教育及其特征

我国的高等职业教育是借鉴国外的经验，适应我国科技进步、产业调整对职业技术人员需求迅速增加的形势下产生和发展的，它是培养在生产、管理、服务第一线从事技术应用、技术管理和社会服务的高层次实用型人才的一种高等教育的类型。生产、管理、服务领域的科技含量、知识含量不断提高，对这种高层次实用型、应用型人才的需求越来越大，原来以培养学术型、工程型为主的普通高等学校和以培养技能型人才为主的中等职业技术学校满足不了这种社会需求。在这种形势下，我国的高等职业教育应运而生，并随着经济发展和社会进步而不断发展。纵观世界各国高等教育发展的状况，凡是经济发达、科学技术先进的国家，都积极发展高等职业教育。例如，美国、加拿大的技术学院、社区学院，德国的高等专科学校，澳大利亚的综合技术学院等，这些学校尽管名称不同，但都属于高等职业教育的范畴，在各自国家的高等教育中占有很大比例。高等职业教育发展较早的美国，各州都通过立法确立了社区学院在高等教育机构中的地位。德国、日本把发展高等职业教育看作是发展经济的重要措施。经济和科技越发展，高等职业教育也越发展，这几乎成了一条规律。1996 年，我国的《职业教育法》正式实施，确立了高等职业教育的法律地位。1999 年《中共中央国务院关于深化教育改革全面推进素质教育的决定》中明确指出：高等职业教育是高等教育的重要组成部分。必须大力发展高等职业教育，培养一大批具有必要的理论知识和较强实践能力，适应生产、管理、服务第一线和农村急需的专门人才。这一方针政策极大地推动了我国高等职业教育的发展。我国从 1999 年起，在全国范围内进行了较大规模的高职扩招。全国各类高等职业技术院校已有 2 000 余所，其在校生人数占接受高等教育学生总人数的一半以上。高等职业教育在规格和数量上已成为我国高等教育的半壁江山。2002 年 7 月，第四次全国职业教育工作会议从推进社会主义现代化建设的全局出发，进一步明确了要继续坚持大力发展职业教育的方针，从而使我国的高等职业教育又有新的发展。

高等职业教育有着自己独特的内涵，它是高等教育的一个重要类型和组成部分，其主要特征是具有高等性与职业性、教学过程的实践性、专业设置的针对性。“高等性”主要体现在培养的人才专业理论、技术原理和技术知识较深厚，前沿性技术了解和掌握程度较高，专业复合性强。“职业性”主要体现在它是以某一职业岗位（群）对人才规格的要求为依据来制定教学计划，基础理论以该岗位“必需”、“够用”为度，专业理论强调应用和岗位能力的培养。培养的人才具有一定理论知识水平和适应职业岗位工作要求的技术能力，这种以能力为本位的特征决定了它具有明显的职业性。高等职业教育的职业特点决定了其教学过程的实践性。教学过程和教学方法，特别是在专业课和某些公共课的实施中，打破传统课程教学的模式，使教师和学生走出教室到车间、实验室、农田等实验、实训的第一线，边教、边干、边辅导，将课堂教学和实验实训有机结合，通过强化实践性教学，使学生获得较高的技术应用能力和操作能力。高等职业教育的专业是针对地区、行业经济和社会发展的需要，按照技术领域和职业岗位（群）的实际要求设置和调整的，专业设置随着社会职业岗位（群）需要的变化而变化。同时，还要妥善处理好社会需求的多样性、多变性与学校教学工作相对稳定性的关系。高等职业教育的特征除上述高等性与职业性、教学环节的实践性、专业设置的针对性外，还具有师资队伍的双师性、校企合作的紧密性、培养目标的实用性、就业渠道的行业依托性等特征。

2. 高职大学生就业天地宽

改革开放以来，我国国民经济持续、快速、稳定、健康发展，人民生活水平不断提高。但随着全球经济一体化进程加快、我国经济结构调整、产业升级、科技进步和技术更新，再加之我国大学扩招，大学毕业生数量急剧增加，社会各界都不同程度地感受到了就业的压力，大学生就业作为一个实质性问题越来越深刻地凸现出来。虽然目前高职大学生就业面临巨大挑战，但是从全局和长远来看，高职大学生应对自身就业充满信心。

首先，国家根据就业形势，每年都出台相应的就业政策和措施。随着毕业生就业市场的建立和完善，有关规章制度的相继出台，高职大学生就业有了法律保障，就业市场逐渐走向规范化。其次，我国经济体制和经济增长方式正在不断调整和完善，优化产业结构、提高产品质量、提高企业效益、加大国民经济的科技含量已成为人们的共识。要实现这些目标，只能靠提高劳动者素质、优化从业人员的知识技能，而高职大学毕业生恰恰就是实现这些目标的生力军。

其次，我国经济成分中的非公有制企业、乡镇企业、广大基层和欠发达地区成为高职毕业生广阔的用武之地。尤其是我国实施西部大开发战略后，出台了一系列人才优惠政策，用以吸收有志之士，这更为高职大学毕业生就业提供了展示自己才华的舞台。同时，我国的高新技术企业对技术应用型人才需求量非常大。《南方周末》曾针对高职大学生就业市场进行过一次调查，调查显示，近几年某些专业的高职毕业生确为紧缺人才。例如，图书发行专业人才匮乏；机械工程人才紧缺；珠宝首饰业前景良好；月薪6 000元难觅数控高手；三类汽车人才市场人才奇缺、营销人员特别难招。近年来，无论是劳动密集型、技术密集型还是资金密集型的用人单位，他们在录用毕业生时越来越不盲目“人才高消费”，都渐渐地学会有所侧重地选择“用得上”、“用得起”、“留得住”的实用型人才。对多数企业来说，适合高级理论型专门人才的岗位还是占少数，绝大多数岗位属于技术应用型岗位。无论从人才成本方面，还是从实际应用性方面，高职大学生都是最合适的选择。高职大学生相对于没有接受过规范职业技能训练的毕业生具有明显优势，应对自己的未来充满信心。

此外，不少高职院校目前采用订单式培养，更具竞争优势。就业市场需求的新特点，对高职教育提出了新的要求。原来企业招聘人才要求有工作经验，认为这样可以节约培养成本，但经过一段时间后，发现用工质量低，员工跳槽多，而频繁招人对企业工作效率有不利影响。现在企业更注重联合办学，企业自己培养人才，学生对企业有感情，人才留得住。为了提高人才培养质量，提高学生的就业竞争能力，"校企合作、订单培养、定向就业"的人才培养模式，正被越来越多的高职院校所采用。一般情况下，三年大学教育由学校和企业共同完成。学校负责一、二年级基础课、专业课程学习和基本职业技能培养，要求学生除课程合格外，还必须拿到相应的职业技能等级证书或相应的从业证书，第三年学生进入企业培训中心进行专业技能和综合能力的实训，教学计划根据企业需要由企业和学校共同制定，学生毕业由企业负责安排就业。通过这种以就业为导向的订单或培养，高职大学生就业优势更加明显。许多地区都呈现出高职毕业生就业率高于本科生就业率的趋势。目前，越来越多的高职大学生愿意从基层做起，很受企业欢迎。以往面临就业时，高职大学生与普通高校毕业生往往会犯同样的毛病：不愿意从事基层做工作，如会计电算化专业的毕业生只选择会计、出纳等工作，不愿意从事收银员工作；计算机专业的毕业生只愿从事与专业相关的工作；外贸英语专业的毕业生只愿做文员、行政管理；医药专业的毕业生不愿做医药销售工作。随着就业竞争压力增大，就业形势越来越严峻，高职大学生社会适应能力强的优势就体现出来，越来越多的人审时度势、定位合理，根据用人单位的需要，选择从基层工作做起，越来越多的企业把目光投向高职毕业生，如"中国企业500强"之一的世纪金源集团，其麾下的五星级商务饭店对高职大学生情有独钟，该饭店招聘负责人认为，所有饭店业都要求员工从基层做起，从服务员做起，要求吃苦耐劳、服务意识强。高职大学生在大学得到了各方面的锻炼，社交能力、沟通能力、语言表达能力比较强，比较符合饭店的要求，可以在很短时间内提升到管理岗位。

从以上的分析不难看出，有了国家政策支持、法规保障、企业认同，高职大学生只要能够做到树立自信，不盲目攀比，正视现实，遵循成才规律、立志从平凡事做起，在我国经济飞速发展的大好形势下，就业前景可谓天宽地阔。

二、高职大学生就业指导的意义

就业指导是依据社会的需要，针对人们的个性（素质、能力、特长、性格、志向、经历）以及家庭与社会环境等，引导准备就业者较恰当地确定就业方向,选择劳动岗位或者转移到新的职业领域的社会活动。它是沟通求职者和用人单位的有效途径。高职大学生就业指导作为一项影响深远的社会活动,具有不可替代的社会功能和意义。加强高职大学生就业指导有利于高职大学毕业生顺利就业,有利于高等职业教育健康发展。高职大学生能否顺利就业,从个人方面来讲,关系到其自身的发展成才和人生价值的实现。从高等职业学校来讲,关系到培养目标的最终实现。从社会方面来讲,关系到国家的经济发展和社会稳定。高职大学生能否顺利就业,归根到底取决于社会需求和毕业生自身的就业竞争力。就业指导可以帮助学生树立正确的职业发展观、引导学生进行合理的职业选择,还能为学生创业提供策略性指导,为成功就业搭建平台。高职毕业生社会经验不足，面对纷繁复杂的社会现象容易眼花缭乱、无所适从，在求职择业过程中有的好高骛远，或只顾眼前利益，或胆怯焦急等，这些都直接影响着学生的成长与发展。加强高职大学生就业理论、实践指导等工作,根据他们的就业心理和追求动向,正确引导他们转变就业观念,培养健康的择业心理,使学生对自身、对社会、对职业等各方面问题有正确、成熟的认识,对于高职大学生实现自我可持续发展,从而实现人生价值具有重要意义。

在社会主义市场经济条件下,高等职业教育要健康发展,必须以就业为导向,如果培养的人才不能适应社会需要,不能充分就业,就会使高职院校在社会上的声誉和地位下降,造成生源不足,专业萎缩,形成送不出、招不进的恶性循环。就业指导是学校与社会联系的桥梁和纽带,通过它可以使学校了解社会,也让社会了解学校。通过就业指导,学校可以在了解社会经济发展的形势和趋势,尤其是本地区经济结构的组成与调整对人才数量、质量、专业、技能等方面的需求的基础上,在专业结构、课程改革、实践教学、办学模式、学生职业能力培养等方面有针对性地进行灵活调整,从而推动和促进高等职业教育发展。目前,高职毕业生的一些择业心态与市场经济的开放性、竞争性和主动性还不相适应,经济不发达地区、艰苦行业、中小企业常被冷落。如何指导高职毕业生把握高职教育的特色,准确定位,正确选择用人单位,选择职业,如何指导高职毕业生确立与市场经济相适应的职业意识、职业选择观、职业价值观等观念,使高职毕业生主动适应社会经济发展的需要已成为高职院校就业指导机构落实国家宏观调控政策、合理配置毕业生资源所必须解决的问题。

三、就业指导的内容和方式

1. 高职大学生就业指导的主要内容

(1) 就业政策指导

就业政策是国家为完成一定时期的就业任务,适应经济建设和社会发展而制定的有关毕业生就业的行为准则。高职大学生就业是劳动就业的一个组成部分,必定要受国家就业方针政策的制约。一些高职大学生在求职的过程中,由于缺乏对国家就业政策的了解,思想上带有很大的随意性和盲目性。高职院校就业指导机构只有通过广泛的就业政策宣传和教育,使学生深入了解国家的就业政策和有关部门、各省市制定的行业性、区域性的就业政策及所在学校具体的就业指导实施意见,明确自己的权利和义务,才能引导毕业生走出择业的"误区",依据个人实际,结合国家需要,有针对性地选择职业,合理合法地维护自己的责、权、利,实现成功就业。

(2) 就业形势指导

就业形势指导是引导学生了解当前毕业生状况及当前社会经济发展对人才的需求状况和人才市场的形势,帮助其认清就业形势,将就业压力转化为整个大学阶段的学习动力。就业形势指导的目的是使学生做到"知己知彼",在求职时把握主动权。

(3) 职业生涯规划指导

高职大学生在大学生活阶段,通过对自身和外部环境的了解,确立职业方向、职业目标,选择职业道路,确立学习计划、发展计划。为实现职业生涯目标而确定行动时间和行动方案的过程,被称为高职大学生职业生涯规划。通过职业生涯规划,引导和帮助高职大学生确立人生的方向,制定奋斗策略,准确评价个人特点和现状,认识自己的价值,准确定位职业方向、不断增强职业竞争力、发现更适合自己的职业机遇。

(4) 就业信息收集与整理指导

就业信息是与职业发展、就业应聘有关的所有信息的统称,包括国家和地区颁布的劳动与就业相关法规、政策,行业与地区经济政治形势和发展趋势,就业态势和职位供需状况等。通过就业信息的收集和整理指导,可以使毕业生更好地掌握和运用就业政策、了解和融入人才市场,从而为职业生涯决策提供依据。

(5) 就业技巧指导

求职是一门艺术,有许多技术和技巧。求职择业技巧对于学生能否成功择业影响极大。就业技巧指导的主要内容包括:如何撰写个人简历和准备求职自荐材料,如何成功面试和笔试,面试和笔试中需要把握的要领及有关注意事项等。

(6) 社会适应指导

社会适应指导可以帮助毕业生尽快适应工作环境,完成角色转变,树立信心和责任感,遵守职业道德,用自己所学知识在实际工作中乐业、敬业、创业,脚踏实地地干一番事业。高职大学生从学校走向社会要完成从大学生到职业人的转变,在这一过程中,需要指导毕业生有合理的角色定位,避免理想主义,要有正确的职业评价,安心本职、虚心学习,勤于思考、勇于创新,指导学生处理好工作中的人际关系等。

在进行高职大学生就业指导的过程中,要做到阶段性和连续性的有机结合。阶段性是指毕业前的集中教育,连续性则是指针对学生的特点,依据学生入学时间的不同,分年级进行就业指导。一年级就业指导内容可包括:大学生毕业就业形势指导、大学生职业生涯规划设计指导,通过职业生涯规划的辅导和有关素质测评系统的应用与分析,帮助大学生发现和了解自己的性格、兴趣和专长,帮助大学生结合自己所学的专业,制定出符合个人成长与发展的目标。二年级就业指导内容可包括:大学生择业观念指导,帮助高职大学生树立适应"大众化"教育背景的就业观念。三年级就业指导内容可包括:大学生求职技巧指导,帮助大学生培养良好的人际沟通能力,通过就业过程各个环节的技巧指导与训练,使高职大学生掌握正确求职的技巧与方法;就业政策指导,帮助高职大学生掌握国家有关毕业生就业的方针政策,掌握学校有关毕业生就业方面的规定,明确自己在就业过程的权利和义务等。

2. 高职大学生就业指导的主要方式

(1) 开设就业指导课

开设就业指导课是许多高校对学生就业指导的主要方法。就业指导课具有教学科学化、系统化、制度化、规模化的特征。这种方法主要采用教与学、讲与听的形式,从正面进行灌输和引导,内容正规、全面、权威。通过课堂教学,高职大学生可以系统地学习和掌握就业指导的理论知识和操作技能,有助于高职大学生成功就业。就业指导课是一门实用型课程,要求理论联系实际，坚持“学校、家庭、社会”三结合，通过课内外的各种教学活动去实践，把个人职业兴趣、职业能力、求职技巧变成理论指导下的自觉行动。

（2）提供就业信息

目前，各高校都十分重视为毕业生提供丰富的就业信息，包括：用人单位的需求信息、社会对学生素质的普遍要求、各种职业对求职者素质的具体要求、就业形势的分析和预测、各专业的供求情况等。各高校通过就业动员会、就业指导专题讲座、印发就业指导宣传材料、就业信息栏、就业信息网、校园社团活动等多种宣传教育形式把以上这些信息及时传递给毕业生，帮助其认清形势、审时度势、实事求是地择业。

（3）就业咨询

就业咨询，是指学校就业工作人员和就业指导教师采用启发教育、平等协商、共同探讨等形式为毕业生提供就业咨询服务和指导，帮助毕业生解决就业过程中遇到的有关问题。这种咨询可以是面对面的，也可以是书面的；可以是定期的，也可以是非定期的；可以是正式的，也可以是非正式的。咨询的内容包括就业形势、政策、法规、自我分析评价、职业心理测试、就业技巧，等等。通过就业咨询，毕业生可以更好地对自己和外部就业环境进行分析比较，根据自身的特点和优势扬长避短地选择职业。

3. 就业指导机构

（1）就业指导机构体系

从世界范围看，尽管功能各异，高校就业指导的专门机构化是各国就业指导的普遍特征。如美国最早的大学就业指导机构是“职业介绍中心”或“职业发展中心”。该类机构分布于全美许多大学以及社区学院中，承担着大学生的就业指导与咨询服务。另外，美国的许多名牌大学还设有“校友俱乐部”，这种俱乐部在举办开支巨大的活动的同时，还利用校友关系，向社会企事业各部门介绍毕业生的情况。因而，通过校友引见或直接为校友所在部门聘用，是美国名牌大学就业的一条捷径。加拿大、日本、澳大利亚的高校也都设有专门的就业指导机构。

近几年，我国政府对高校就业指导机构和队伍的建设和完善越来越重视。2002 年教育部制定了《教育部关于进一步加强普通高等学校毕业生就业指导服务机构及队伍建设的几点意见》，意见中对进一步加强高校毕业生就业指导服务工作特别是加强相关机构和队伍建设提出意见，要求高校建立健全毕业生就业指导服务机构体系。2003 年又颁发了《教育部关于进一步深化教育改革，促进高校毕业生就业工作的若干意见》，要求高校要建立毕业生就业指导服务机构，并在场地、经费、人员等方面给予充分保证。2006 年教育部等 14 部门又联合下发了《关于切实做好 2006 年普通高等学校毕业生就业工作的通知》，强调高等学校要切实落实“一把手工程”，增强就业意识，加强就业指导队伍建设，提高就业指导的针对性。以前，高校就业指导体系主要是按照以下两种模式建设的：一种是纯就业中心模式，只设校一级就业工作机构和人员，不设院系级的就业指导机构和专职人员，学校就业中心直接对全体学生开展就业信息服务、指导与咨询工作；另一种则是“学校就业中心＋院系就业辅导员”模式，在这种模式里，学校就业中心与院系就业辅导员共同完成对学生的就业指导工作，但各有侧重，学校就业中心负责为全体学生提供指导、咨询与就业信息等服务，而院系就业辅导员则主要为毕业生提供辅导和咨询。目前，随着社会各界对高校就业工作的日渐重视，各高校在上述“学校就业中心＋院系就业辅导员”模式的基础上逐渐构建出一个更为完整和高效的大学生就业指导体系。这种全新的大学生就业指导体系是逐步与发达国家大学生就业指导接轨的一种模式，它既是一项学生工作，同时也是一种教学活动。在这个体系里，就业指导人员是由学校领导、就业中心的专业工作者、院系的专兼职就业辅导员、班主任和专业教师等组成，各类就业指导人员从不同角度发挥不同作用。学校就业指导体系如下图所示。

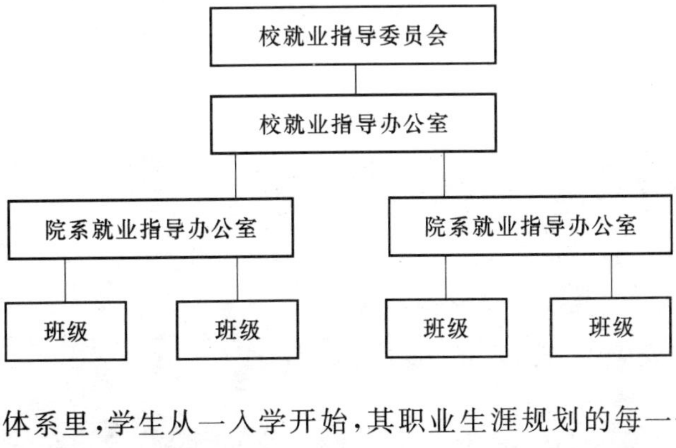

在这一体系里，学生从一入学开始，其职业生涯规划的每一个方面和每一个阶段都有相应的辅导人员为其提供服务、帮助和指导，而用人单位在选录毕业生时，则可从学业、品德、个性等各个角度得到来自学校不同方面就

业工作人员提供的权威的、可信的信息服务。

(2) 就业指导机构的功能

就业指导机构的功能是完成基本的就业服务指导工作,进行职业指导教育培训,对就业工作进行预测、调研和评价。现行就业服务指导所从事的基本工作有:完善就业服务指导信息系统,为毕业生择业和用人单位招聘提供可靠、快捷的信息服务、签约、办理手续等工作。这一任务要在短期内完成,为进一步开展其他工作提供一个良好的平台。各高校的就业指导机构负责开设职业科学知识课程,进行职业生涯规划能力培养和择业技能实际操练培训。就业指导机构通过对就业市场的预测,帮助毕业生正确把握就业方向,通过对高职大学生就业工作情况、就业指导机构运作情况和各有关方面情况的调研,总结成功经验,发现问题,为改进工作和提升工作水平找到依据。对就业服务指导工作进行考核评价,是强化就业服务指导工作、满足大学生和用人单位需求的重要手段。通过评价及跟进的措施,有效地促进高职大学生就业。

第一章　树立正确的就业观念

学习目标

1. 掌握就业和就业观的概念
2. 了解就业与实现人生价值的关系
3. 树立正确的就业观

篇首案例

转变观念学会踏实做事

某大学通信专业的毕业生何某(女),意气风发,踌躇满志。远在浙江温州的父母打电话来说:“我们跟这里的电信部门联系好了,回来吧。”一向温顺的何某拒绝了。她在优越的家境中长大,从小到大都在父母的庇护下,现在她想独自闯荡。开始,何某将西安某著名电信单位作为首选,认为“自己是一个重点大学的毕业生,找份工作有什么难?”然而,却遭到对方拒绝,原因是她没有工作经历,薪水要求又高。在这之后的半个月,何某一直没有找到合适的工作。这个夹着简历走在路上的女孩忧虑了很久。兜里不到500块钱了,她又不愿意找父母求援,怎么办?不知道走了多久,觉得累了,何某拐到一家快餐店,无精打采地要了碗面。女老板一眼就看到她的求职简历,笑着问:“找到工作了吗?”何某摇头。老板笑着说:“姑娘,现在大学生太多,如果要求太高,很难找到满意的工作。”说完,她指着一位正在门口锁自行车的服务员说:“你不相信吧,她也是一位大学生,刚送快餐回来。”怎么可能?何某一脸狐疑。女老板说:“人都得先养活自己,再做打算。”何某有点惭愧。

是啊，名牌大学毕业生也没什么了不起，她除了文凭，在工作经验、人生阅历、沟通交往上都很欠缺。她与千千万万的打工者一样，都得在市场的激烈竞争中较量。临走的时候，女老板递给她一张名片说："有困难可以与我联系。"回到住处，何某捏着那张名片，犹豫了很久，终于拨通号码后问："您的快餐店还需要人手吗?""你随时可以来上班"。终于工作了，心情却是尴尬的。何某穿上工作装，忸怩了半天，才开始端盘送菜。

何某开始给西安一些写字楼的"白领"职工送餐。在第一家公司送快餐时，"白领"们纷纷发牢骚："你们店做的饭太没特色，总是老三样，再不改观我们就从其他店订餐。"第二家公司也有不少人埋怨，何某郁闷极了。乘电梯时，何某看见一位穿着某快餐店服装的女孩正用手抹泪。她的客户也是一打开饭盒就骂，女孩委屈地说："我每次转告客户意见，但老板都不理会，还说今后不给他们送快餐了。"何某眼前一亮，这不是绝好的商机吗？有些快餐店认为"白领"难伺候，要求高，主动放弃了送餐业务。我为什么不把这笔业务接过来，按照白领们的要求做呢？从此，何某每次送快餐都详细地记下对方的电话号码和用餐口味。为了更多地收集市场需求信息，她经常在写字楼门口等待其他快餐店的同行并上前搭讪，询问市场需求的各种细节，一心一意地想抓住机遇把"快餐"做好。快过春节了，店里放假，何某决定留在西安，去西安高新技术开发区对各家快餐店做一次全面的市场调查，了解各有关快餐店的名称、电话、餐饮风格和快餐价位，发现西安快餐店的品种还真多，东北菜、南方小吃、北方面食、西安土产等应有尽有。几天考察下来，何某心里更有谱了，她酝酿着新的快餐运作模式。她计划开办一个快餐中转站，收集各种风味快餐，提供给各家公司的"白领"，从中赚取差价。既帮快餐店拓宽了业务，又让“白领”有更多的选择。何某很快就租了一间20平方米的门面房，在人才市场找了2个帮工，包吃包住每月工资500元，任务就是送餐。她精打细算，把店面简单粉刷了一下，又做了三套统一的送餐服装。接下来，她开始打电话给各个写字楼寻找业务。很多都是老客户，也熟悉这个耐心细致的姑娘，加之很多快餐店在春节期间还没上班，她很快就拿到100份订单。何某挂掉电话，高兴得跳了起来。

经过调查，何某很快根据订单的要求，找到了需要的快餐店。老板一听何某要50份，答应给个优惠价格。何某当即交了订金。随后，她又去另外一家饭馆，预订了50份特色菜，何某和2名员工一起外送。当天，除去各种费用净赚150元钱。第二天，她多预订了50份，很快又送完了。春节过后，快餐店的竞争日益激烈，何某的订单不如以往多了。她干脆亲自上门，到公司推销。面对质疑的目光，她从容地拿出自己记录的快餐店手册说：“你们想吃任何口味的快餐我都可以满足。送餐及时，保证营养，还能经常变换花样！”不少公司觉得不错，抱着怀疑的态度接受了何某的提议，纷纷取消原来的订餐。一个月下来，何某外送的盒饭达到了3 600多份，月收入达到2 000多元。此时的何某信心更足了，下个月的纯收入也许就能变成4 000元，甚至是8 000元！第二个月，何某又招聘了2位工作人员，自己则主动出击，到更多的公司联系送餐业务。同时，她不断想出各种办法满足“白领”职工的需求。一方面，她寻找到更多各具风味、干净又便宜的小饭馆，使快餐店手册的菜单日益丰富，“白领”有更多的选择余地。另一方面，她到各公司发放调查问卷，统计“白领”最爱吃的饭菜和最想吃的饭菜，然后设计新菜单，交给饭馆去做。何某渐渐地被写字楼的“白领”们熟悉。一年后，每月外送的快餐盒饭上千。到2004年年底，年利润已经突破100万元，并从小店面升级为“西安柒彩虹餐饮有限公司”。现在，工作已经步上正轨，何某为了不荒废专业，又应聘到某知名电信公司上班，身兼两职。每天，她9点打电话给各个快餐店，预订特色菜，11点整，公司的工作人员统一着装往各个公司送饭。目前，她要将公司打造成西安第一快餐中介，“将来时机成熟，把快餐中介做成中国连锁！没有不可能，就看你敢不敢想”！（根据《中国青年报》2005年5月9日报道改编）

交流研讨

大学生何某“从送快餐做起”的就业经历给了我们什么启示？应如何树

立正确的就业观？

点评分析

大学生找工作越来越难，都是从零开始，但总有人脱颖而出。何某在挫折面前学会思考，即使沮丧也从不放弃希望，放低心态，踏实做事，最终成就了自己的事业。社会上有很多人无事干，同时也有很多事无人干，有的人在求职择业的过程中，由于各种原因暂时难以找到合适的职业岗位。这时，需要树立自强自立、艰苦创业的就业观念，积极进取自谋职业。从就业到创业，是高校毕业生就业观念的一个重大转变。在创业过程中可能会遇到很多困难，但不要怕失败。失败了从头再来，遇到机会、积极争取。天下无难事，功到自然成。

走向市场和实现就业是高职大学生的必然选择，要适应市场经济环境、满足用人单位的岗位需求，必须树立正确的就业观。就业观念正确有利于根据个人条件、志愿和社会需求实事求是地选择职业，自觉地服从国家和人民的需要，在职业岗位中充分发挥自己的才智。就业观念不正确，即使勉强就业也不会有工作热情，不仅做不好工作，还会影响个人成长。

第一节　就业与就业观

我国的就业是与社会主义的基本制度紧密联系的，劳动者是国家的主人，劳动就业反映的是社会主义的劳动关系。党和政府高度重视高职大学生的就业问题，通过促进经济和社会发展努力为高职大学生创造就业条件，扩大就业机会并鼓励其通过多种渠道实现就业。

一、就业的内涵

就业，即在法律规定的劳动年龄之内，具有劳动能力的人在一定职业岗位上从事有报酬或有收入的社会劳动，简而言之，就是求职参加工作。就业的实质是劳动者与生产资料的结合。实现就业的过程是使求职者找到适合自己的劳动岗位，这个过程即劳动者与生产资料相结合的过程。劳动者是实现就业的主观能动因素，不同职业对个体人的劳动能力有不同的要求。只有具备了相应的劳动能力，才能进入相应的职业岗位。生产资料是人们从事社会劳动的物质条件，是构成劳动岗位所必须具备的物质基础。只有具备了足够的生产资料，才能为劳动者实现就业提供必要的职业岗位。有了劳动者与生产资料，还必须提供必要的条件使劳动者与生产资料得以相互结合，才能真正实现就业。国家的就业政策、劳动就业服务等工作，都是为了促使这两者的结合。

对于高职大学生来说，只要具备就业的条件，无论是在全民所有制单位、集体所有制单位、外资企业、私营企业工作，还是从事个体经营；无论其工作是固定性职业，还是临时性职业；无论其工作地点在城镇、农村、国内，还是国外，都属于就业。社会上有些人受旧的传统观念的影响，往往误认为到私营企业工作不算就业，从事临时性工作或个体经营也不算就业，这是对就业概念的一种误解。国际上通用的就业标准是凡在法律规定的劳动年龄之内属于下述情况之一者均属于就业：正在工作中，即在规定的时期内从事有报酬或有收入职业的人；有职业但临时没有从事工作的人，如由于疾病、事故、休假、劳动争议等原因而临时停止工作的人；雇主和个体经营者，协助家庭经营企业，农场的家庭成员等虽不领取报酬，但在规定的时期内从事正常工作时间 1/3 以上者，均属就业。

二、就业与人生价值

就业是个体人谋生的手段和实现人生价值的重要条件，是发挥个体人的才能并使其内在价值外化的桥梁和纽带，是个体人为社会作出贡献并实现其社会价值和自我价值的必要途径。在个体人的一生中，其职业生涯一般在 30～40 年。解决好职业定位问题，对于每一个人来讲都非常重要。高职大学生在学习阶段是就业的准备阶段，真正实现人生价值是在走向就业岗位从学生角色转变为社会劳动者角色以后。就业是实现其人生价值的重要转折点。社会职业千千万，人生道路万万千，能否较好地实现其人生价值，正确选择职业是关键的一环。如果选择职业得当，很快能够适应职业岗位的工作，使知识、技能、心理状态等综合素质得到充分的发挥和外化，就有可能更好地实现其人生价值。

就业不仅是个体人谋生的手段，而且具有发挥个人才能、促使其内在价值外化和为社会作贡献三个重要功能。只要求职者为社会作了贡献，其人生就是有价值的。当然，价值高低有所不同。在社会主义市场经济的条件下，我国实行的是以按劳分配为主体，多种分配形式并存的分配制度。个体人谋生的质量取决于在职业岗位的劳动中所得到的物质利益的多少。个人所得物质利益的多少，取决于为社会作出贡献的多少；为社会作出贡献的多少，取决于自己内在价值外化的程度。技能水平发挥得好，对社会的贡献就大，人生价值就高，个人获得的报酬就多。在选择职业时，首先要选择适应社会需要的能够发挥自己才能的职业岗位。选择职业对路，个人才能得以充分发挥，加上自己的勤奋努力为社会多作贡献，就能够取得较多的报酬。

谋生是通过就业来实现的。但是，就业不仅仅是为了谋生，还要考虑如何最大限度地实现人生价值。社会上的每一种职业对求职者都有特定的素质要求，在选择职业时只有掌握好自身条件与职业的匹配关系，才能够顺利就业，事业有成，从而最大限度地实现自己的人生价值。

三、什么是就业观

就业观，即人们对求职就业的根本看法和基本态度。人们对就业的认识、选择、评价以及对其所持的看法和态度就是我们常说的就业观念，它主要是回答求职就业的目的、意义、价值、态度等有关问题。这些问题不仅受到人生观、价值观、世界观的影响，而且与个人所处的社会地位、生活环境、个人遭遇、文化修养、道德境界等有直接的关系。它是人们现实物质生活和精神生活社会存在的反映，是一定历史条件下社会关系的产物。人们的生活环境、经济地位、家庭条件和所受到的教育程度等影响不同，其就业观念也不尽相同。

就业观的核心是就业目的。树立正确的就业观，首先要有一个正确的就业目的。就业不是简单的干活赚钱，要处理好理想与现实的矛盾、个人与社会的关系，恰当、合理、正确地选择职业，树立为社会进步而努力奋斗的职业理想和为人民服务的就业观。在当前我国全面建设小康社会，开创中国特色社会主义事业新局面的新的历史时期，高职大学生正确的就业观念主要体现在两个方面：一是适应社会主义市场经济的需要，抛弃陈旧的就业观念，树立起市场竞争、积极进取、艰苦创业的就业意识，通过自己的艰苦努力和积极竞争，创造就业条件，实现个人的就业愿望；二是要以社会需要为出发点，把个人愿望与社会主义现代化建设的需要结合起来，自觉地把个人职业选择与国家的发展、民族的振兴联系起来，发扬为人民利益勇于献身的精神，主动到国家生产、建设、管理、服务第一线需要的岗位去工作，在平凡的岗位上创造出不平凡的业绩来。

思考1:观念一变天地宽

张某是一名外国语学院毕业的女大学生，凭着对事业的执着和一股吃苦耐劳的韧劲，开起了一家面馆。如今，经过5年的苦心经营，面馆的生意红红火火，且赢利颇丰。张某的创业故事在西安市东郊一带被传为佳话。提起张某，家住西安市更新街的唐先生有说不完的话:“我今年已经是50岁的人了，连我都被这女娃感动了，受到了很大的鼓舞。5年前，我是看着她的面馆开张的。从那时起，小张每天都站在自己店门前招呼客人，看她那文静的样子，谁也没想到面馆能够坚持到今天，还把生意做得这么红火。”

1998年，张某从西安外国语学院商贸英语专业毕业后，被分配到西安市某机关单位。她觉得自己的追求并不在这里，一个星期后向单位提出了辞职。张某是家中的独生女，早在她上外国语学院之前，家人就为她做好毕业后出国的计划，可是这个一直乖巧听话的女儿此时却不愿听从父母的安排，她要寻找自己的价值。当张某告诉家人自己要开一家面馆时，几乎遭到了所有人的反对。不管是父母还是男友，都一再地规劝她，生意难做，让她不要任性。有那么多路可以走，为什么要自讨苦吃呢？但谁也没有能阻止得了张某要自己创业的信念。

2000年，张某的面馆开业了。店面虽然不大，但饭菜质量较好，很快它就成了附近的“名店”，人们争相前来品尝独具特色的“张氏刀削面”。张某说:“干餐饮这一行的酸甜苦辣，外人是无法体会的，会遇到各种各样想像不到的事情和困难。这5年要说最大的感受就是太苦了，但也非常充实，很能锻炼人。”苦心经营换来了丰硕的回报。张某说，自己的店肯定在赚钱，但赚了多少她也没有准数。“反正赚的钱都交给妈妈保管了，用的时候再向妈妈要，钱差不多又都再次投资到店里了！我现在已经把这店的一、二、三层都买下来，加上装修和其他的固定资产，用的都是赚来的钱，而且二层准备卖炒菜。”有人问她：“你现在开饭馆，原来在学校所学的知识岂不荒废了？”她说：“我不这样认为，大学教育提高了我的个人素质，店里一旦来了外国客人，我还能给他们提供满意的服务。”“你后悔过你的选择吗？你还会坚持下去吗？”“虽然很苦，但我从来没有后悔过，从一开始到现在，我都把面馆当成一份事业来用心经营，我从中享受到成功和收获的快乐。”

思考2：两位大学生自主创业选择了网上“收垃圾”

2005年3月，苏州首家在线收废品网站成立，创始人是两位大学毕业不久的厉某和周某。在众多大学生自主创业的事例中，敢于冲破世俗观念的束缚去“收垃圾”的并不多见。

厉某和周某都出生于1981年，分别于2001年和2003年毕业于江苏淮安和河北石家庄的高校。厉某学的是化学专业，周某学的是环境保护专业。毕业后，周某在媒体工作了一年多，厉某曾经辗转深圳、淮安、苏州等地打工，做过化验员、广告公司业务员、企业策划等工作，经验比较丰富，这是他成为即将成立的苏州工业园区天堂物资回收公司法人的重要原因之一。厉某说：“毕业之后，只想找个跟专业对口的工作。”因为个人的性格原因，他并不喜欢整天在化验室内跟瓶瓶罐罐打交道，在企业内的工作他感觉比较束缚，不能让自己的兴趣得到发展。周某的情况也大致如此，毕业后在苏州昆山一家大型企业负责污水处理工作。那么，他们两人为什么要创建收废品网站呢？厉某说，那是一次偶然的机会，他们从网络上看到上海某集团成立全国首家收废品网站，觉得这种做法很新奇，而这在苏州还是一片空白，苏州废品利用率仅在10%左右。如果将网络作为信息平台与传统收废品的方式结合起来，会有很好的前景，就这样两个志同道合的人走到了一起。“世上无难事，只怕有心人。”厉、周二人从2005年1月开始准备到苏州收废品网的成立，从无人知晓到每天有100多人登录网站，从“单打独干”到拥有10多名加盟人员。据介绍，在线收废品网的操作形式是，有各种废物需要处理的企业或者市民，只要在网上留下自己的信息，就可以得到上门服务，该收废品网是一个“身边的废品箱”。厉某说：“经营了一段时间后，我们得到了很多人的肯定。”一些写字楼等高档场所比较欢迎他们前去收废品。

一个大学毕业生放弃稳定的工作去“收垃圾”，父母和身边人又是如何看待的呢？历某说，刚开始的时候家里对他的做法表示反对，说“没有了工作怎么生活”。但在他的坚持下，渐渐地父母还是接受了儿子的选择。周边的同学、朋友也支持他们自主创业，有的还表示羡慕并愿意加盟。历某说，按照他们的打算，在废物回收公司成立之后，他们将会进一步开发一些大型企业单位的业务。以后，还准备将公司与网络结合起来，将在线废物回收发展到其他的省内外地区去。

第二节 就业观念的更新

高职大学生求职择业虽然面临很多困难，但转变了观念，这些困难就容易克服。传统就业的主渠道变窄了，但各种非公有制经济对高职大学生的需求正在迅速增加。大企业已经人才济济，但中小企业还求才若渴。就业环境的变化要求高职大学生必须更新就业观念，使自己的思想从陈旧条条框框的束缚中解放出来，主动地在社会这个大舞台中找到能够充分发挥自己聪明才智的位置。

一、转变重全民、轻集体、鄙视个体的就业观念

在过去高度集中的计划经济体制下，我国对大学生长期实行由政府包下来统一安排就业的做法，加之在经济领域实行限制非公有制经济发展的政策，客观上使全民所有制单位成为安置大学生就业的主渠道，人们逐步形成了只有安排到全民所有制单位工作才算就业的传统观念。这种在旧体制下形成的就业观念，已经不能够适应改革形势发展的要求。随着改革开放和社会主义市场经济的不断发展，我国的基本经济制度逐步形成了以公有制为主体，国有经济、集体经济、个体经济、私营经济、外资、合资等多种所有制经济成分共同发展的格局。在这种条件下，高职大学生求职择业应树立起不看单位性质看需求、看发展的就业观念。迅速发展的集体经济和个体、私营、外资等非公有制经济，成为国民经济的重要组成部分，是高职大学生就业的重要渠道。

目前，我国实行公有制为主体、多种经济成分共同发展的方针。在积极促进国有经济和集体经济发展的同时，允许和鼓励个体、私营、外资等非公有制经济的发展，并形成了多种就业渠道并存的格局。高职大学生在求职择业的过程中，必须抛弃那种“重全民、轻集体、鄙视个体”的旧观念，自觉地树立起只要从事社会所需求的职业并由此获得劳动报酬或收入的都属于就业的新观念，冲破过去那种狭隘的就业观念对思想的束缚，着眼于我国当前多种经济成分共同发展的现实来选择职业。随着多种经济成分共同发展，经济体制的进一步完善和劳动社会保障制度改革的进一步深化，社会在用人方面必然会打破三个界限：一是所有制界限，所有从业人员均可在不同所有制用人单位互相流动；二是地域界限，城市与农村之间、地区之间，劳动者可以互相流动；三是干部与工人的界限，实行全员劳动合同制，在企业内部只存在管理岗位和生产岗位的区别，不存在干部与工人的区别。国家各种就业岗位只是社会分工的不同，没有高低贵贱之分，只要在各自的职业岗位上为国家、人民作出贡献，都会受到社会的尊重，从而实现自身的人生价值。

二、转变一次择业定终身的就业观念

在计划经济时期，大学生毕业后的工作由国家计划安排、统一分配，这种统包统分的就业观念在很多人头脑中根深蒂固。“就业安置靠政府，进了单位定终身”的观念对人们影响很深。这种观念很容易使人们步入择业的误区，若未如愿往往会出现悲观失望、不知所措、怨天尤人等心态，从而产生严重的心理障碍。

高职大学生在求职择业的过程中，要破除一次择业定终身，稳定工作到退休的传统就业观念。在社会主义市场经济的条件下，人才流动是正常的，对职业岗位的挑选要适度，就业期望值不可过高。迟就业不如早就业，不求一步定位，先将就业放在首要位置，可先就业后择业。在工作一段时间后，由于知识、能力的提高和经验的增多，再根据自己的实际状况重新选择更理想的职业岗位。在社会主义市场经济条件下，各行各业大都实行全员合同制，劳动合同是有期限的，期限的长短取决于员工的业绩和用人单位的生产经营状况。随着社会主义市场经济的逐步完善，职工的流动率将逐步提高。如果职工不能为用人单位创造效益，用人单位可以终止或解除劳动合同。

职工因用人单位不能严格履行劳动合同或不能充分发挥个人特长，也可以提出终止或解除劳动合同。在经济发达国家，职工的年流动率在25%以上。在求职择业的过程中，欲一次就业就能够定终身，稳定工作到退休，是脱离市场经济运行规则的错误就业观念。

三、转变眼高手低盲目攀比的就业观念

有些高职大学生在求职择业的过程中，往往因错过有利的机会而失败。其中，一个重要原因是眼高手低，对职业岗位的期望值过高，对自己岗位适应能力的评价也过高。在选择职业时挑肥拣瘦、怕苦怕累，往往希望选择劳动环境好、工资福利高的职业岗位，而自身条件和业务素质又不能满足用人单位的需要，因而择业愿望总是不能落实。有的高职大学生在求职时提出“职业岗位不是管理层不干”、“单位性质不是党政机关或国有企业不干”、“上夜班的工作不干”等。这种择业附加条件越多，择业面就越窄。还有一些人盲目和他人攀比，这种与他人攀比的思想也是求职择业的一大障碍。

思考1：中国的服务外包业务拟增加100万高校毕业生就业

据中国青年网2009年2月2日的报道，国家出台新政策，促进中国服务外包业务加快发展，拟增加100万高校毕业生就业。国务院有关部委和20个服务外包示范城市的官员共同研究部署促进服务外包发展的试点工作，积极应对国际金融危机的消极影响，促进中国服务外包业务加快发展。国际金融危机的持续蔓延，对刚刚起步的中国服务外包业务带来了冲击，一些企业合同减少、项目压缩。但同时，全球金融危机也给中国的服务外包业务发展带来了新的机遇。当前，以现代服务业转移为主要特征的新一轮世界产业结构调整方兴未艾。2010年全球国际服务外包市场规模将超过6 000亿美元。在金融危机冲击下，越来越多的跨国公司和金融机构为降低成本，将把更多的业务外包给低成本国家和地区，为中国积极承接国际服务外包业务提供了难得的机遇。国家将在北京、天津、上海、重庆等20个示范城市

实行一系列鼓励和支持措施，包括税收优惠、财政资金支持、实用人才培训、特殊劳动工时、金融支持、知识产权保护和改善投资环境等，把促进服务外包产业发展作为推进中国产业结构调整、转变外贸发展方式、增加高校毕业生就业机会的重要途径。

截至 2008 年年底，中国承接国际服务外包业务的企业达到 3 300 家。2008 年，经过培训后新增近 10 万名大学生就业，是 2007 年的 1.9 倍。按照商务部等有关部门的规划，力争 5 年内(2009—2013 年)在中国建成一批产业聚集并具有一定国际竞争力的服务外包基地，促进 200 家著名跨国公司将服务外包业务转移到中国，培育 2 000 家取得国际资质的大中型服务外包企业，培训 120 万承接服务外包所需实用人才，新增 100 万名大学毕业生就业。

思考 2:国家鼓励高职大学生到城乡基层就业

《国务院办公厅关于加强普通高等学校毕业生就业工作的通知》(国办发〔2009〕3 号)指出：

国家鼓励和引导高校毕业生到城乡基层就业。鼓励高校毕业生积极参加社会主义新农村建设、城市社区建设和应征入伍。围绕基层面向群众的社会管理、公共服务、生产服务、生活服务、救助服务等领域，大力开发适合高校毕业生就业的基层社会管理和公共服务岗位，引导高校毕业生到基层就业。对到农村基层和城市社区从事社会管理和公共服务工作的高校毕业生，符合公益性岗位就业条件并在公益性岗位就业的，按照国家现行促进就业政策的规定，给予社会保险补贴和公益性岗位补贴，所需资金从就业专项资金列支；对到农村基层和城市社区其他社会管理和公共服务岗位就业的，给予薪酬或生活补贴，所需资金按现行渠道解决，同时按规定参加有关社会保险。对到中西部地区和艰苦边远地区县以下农村基层单位就业、并履行一定服务期限的高校毕业生，以及应征入伍服义务兵役的高校毕业生，按规定实施相应的学费和助学贷款代偿。对具有基层工作经历的高校毕业生，在研究生招录和事业单位选聘时实行优先，在地市级以上党政机关考录公务员时也要进一步扩大招考录用的比例。2009 年，中央有关部门继续组织实施"选聘高校毕业生到村任职"、"三支一扶"（支教、支农、支医和扶贫）、"大学生志愿服务西部计划"、"农村义务教育阶段学校教师特设岗位计划"等项目，各地也要因地制宜开展地方项目，鼓励和引导更多的高校毕业生报名参加。鼓励高校毕业生在项目结束后留在当地就业，今后相对应的自然减员空岗全部聘用服务期满的高校毕业生。对参加项目的高校毕业生给予生活补贴，所需资金按现行资金渠道解决，同时按规定参加有关社会保险。

国家鼓励高校毕业生到中小企业和非公有制企业就业。各类中小企业和非公有制企业是高校毕业生就业的主要渠道。要进一步清理影响高校毕业生就业的制度性障碍和限制，为他们提供档案管理、人事代理、社会保险办理和接续、职称评定以及权益保障等方面的服务，形成有利于高校毕业生到企业就业的社会环境。对企业招用非本地户籍的普通高校专科以上毕业生，各地城市应取消落户限制（直辖市按有关规定执行）。企业招用符合条件的高校毕业生，可按规定享受相关就业扶持政策。劳动密集型小企业招用登记失业高校毕业生等城镇登记失业人员达到规定比例的，可按规定享受最高为 200 万元的小额担保贷款扶持。

思考 3：第三产业进入加速发展期的启示

根据国际经验，人均 GDP 达到 1 000 美元是第三产业加速发展的转折点。2003 年，我国人均 GDP 已经超过 1 000 美元。第三产业面临加速发展的大好机遇，特别是计算机、通信、广告、房地产、金融、保险等服务业和新兴行业的崛起，使第三产业吸纳就业的能力越来越强劲。据统计分析，GDP 每增长一个百分点，第二产业只能带动 17 万人就业，而第三产业可以带动 85 万人就业。长期以来，我国的就业者主要分布在第一产业和第二产业。自改革开放以来，由于产业结构发生变化，第一产业吸纳就业人员的比例下降，第三产业吸纳就业人员的比例上升。

第三节 树立适应社会主义市场经济的就业观

就业观具有鲜明的时代性。当前,我国正处于社会主义现代化建设新的历史发展阶段。在这一阶段,我国将建立起比较完善的社会主义市场经济体制,客观上要求社会职业和行业行为的自主性和劳动力的市场化。人们在求职择业的过程中,必须增强市场意识和竞争意识,树立适应社会主义市场经济的就业观。

一、服从社会需要和岗位需求

就业是实现个人愿望与服从国家需要的结合点,国家的经济发展是解决高职大学生就业的根本途径。没有国家的兴旺发达就没有个人的幸福。因此,个人择业首先要服从国家和社会的需要,以国家的富强和民族的振兴为已任,自觉地献身社会主义现代化建设的伟大事业。高职大学生在选择职业时,首先要考虑自己能否满足用人单位提出的岗位技能和有关条件要求,如工种岗位、技术等级、年龄、学历、性别、身高、视力等。根据不同职业岗位提出的要求,将自身的条件与职业岗位的要求进行认真、全面的对比,进而选择出符合自己理想、能够充分施展自己才能的职业岗位就业。如果不实事求是,不顾自身的素质和条件,又不考虑社会需要,一味盲目寻找所谓"工作条件好,经济收入高,社会名声响"的职业岗位,就会人为地增加就业难度。

社会需求反映在劳动岗位上,具体表现为社会职业岗位的需求。它是个人才能得以充分发挥的条件和基础。有些职业岗位社会十分需要,并有利于发挥人们的才能,但由于这些职业岗位或工作艰苦,或社会地位较低,或地理位置不够理想,很多毕业生宁愿待业,也不愿从事这类职业,这种思想观念是错误的。没有社会需求就没有职业和职业分工,没有职业和职业分工就不存在职业岗位的选择。古今中外,人们的职业选择都必须受到社会需求的制约。随着企业改革的深入和劳动力市场的发展,企业招聘用人和高职大学生就业的双向选择性越来越强。这种职业岗位与就业者之间的相互选择，符合市场经济条件下的就业规律。但是，有些人对如何适应这一规律，正确选择职业尚缺乏足够的认识，认为选择职业是个人的意愿和自由，当市场需要与个人主观愿望相矛盾时，往往不能正确处理，甚至不顾自身条件，一味提出过高的择业要求，结果导致择业的失败。

高职大学生在进行职业岗位选择时，考虑个人因素是不可避免的，也是无可非议的。问题在于这种选择是否符合社会需要。如果职业岗位选择不符合社会需要，就会影响职业理想的实现。个人对社会职业进行选择，社会职业也要对个人进行选择。人们在择业时无法也不可能摆脱社会的需求。如果无视这一客观规律，无视社会的需要，在实践中不可能作出明智的选择。服从社会需要、岗位需求与充分发挥个人优势、能力特长并不矛盾。强调社会需要，并不否认发挥个人优势和特长。在满足社会需要的前提下，还要选择能够发挥个人特长的职业岗位，充分发挥自己的专业特长和能力优势，并适当考虑自身的性格特点。社会需要是发挥个人优势和特长，实现自我价值的基础。从这个意义上讲，越是社会需要的职业，就越能够发挥个人的聪明才智，并为发挥个人特长提供更多的条件和机会。在当前的就业形势下，高职大学生顺利实现就业的关键是就业岗位的选择应建立在主观愿望与客观实际相符合的基础之上。如果脱离客观现实的需要和可能，单凭个人的主观意愿，就业就不容易实现，理想就有可能落空。

二、积极主动找市场，多渠道竞争就业

随着我国社会主义市场经济体制的逐步确立，通过市场实现就业已经成为高职大学生就业的必然方式。在这种条件下，用人单位通过市场选择符合其岗位需要的求职者；求职者通过市场选择适合自己条件的职业岗位。这样，必然会出现用人单位之间争取人才，劳动者之间争取就业岗位的激烈竞争。高职大学生在求职择业的过程中，应做好参与竞争的思想准备主动找市场，努力培养自己的竞争力。有了这种竞争力，才能在竞争中取胜，顺利实现自己的就业愿望。

蓬勃兴起的劳动力市场和正在深入进行的劳动法制建设，已将劳动用工逐步纳入市场化、规范化的轨道。过去，人们过于看重就业单位的所有制

性质,认为只有到国有单位工作才算就业。如今,这种“全民保险、集体危险、个体冒险”的传统就业观念已经有了很大的改变。国有企业在转换机制、调整结构的过程中,对毕业生的需求不会太大,而集体和私营企业发展很快,对各类专业人才需求量较大。据最近在北京进行的一次大学生择业意向调查显示,愿意到三资企业、集体企业和民营企业就业的比例已大幅度上升。高职大学生在求职就业中,应打破只有到全民所有制单位工作才是就业的世俗偏见,树立起与现实条件相适应的多渠道竞争就业的新观念。就业竞争是现实的,有时也是无情的。但是,竞争应当遵循符合道德规范的公开、公正、公平的正确原则,而不是尔虞我诈、相互诋毁、弄虚作假。高职大学生在就业竞争中应保持自己的人格尊严,诚实守信,凭自身的竞争实力并运用恰当的竞争技巧去赢得就业的成功。

三、着眼长远,面向未来的就业观念

高职大学生求职择业时,不应只看月收入多少钱,而要考虑自己能为用人单位贡献些什么,着眼长远、面向未来。只要大学生自己能为对方创造更多的价值,对方给的酬金自然不会少。在发展社会主义市场经济的条件下,没有一个老板愿意花钱聘用一个不能为他创造效益的员工,同时也不会轻易埋没一个能为其创造更多利润的员工,因为他怕劳酬不等而失去人才。劳动报酬是否合理,可以参考当地政府公布的市场工资价位。着眼长远、面向未来,选择那些有发展后劲的职业岗位,对最大限度地实现人生价值具有重要意义。不可只顾眼前利益、急功近利而影响自己长远的发展。社会不断发展变化,职业结构、内容也在不断地发展变化。个体人的职业意识、个性特点和知识能力结构,必须通过终身学习不断更新。要根据社会需要的变化和自身素质、能力的提高,选择最能够发挥自己潜能的职业。在选择职业时不要只看一时一事,应从社会环境、社会需要、职业发展后劲、自身条件、个人前途等方面综合权衡,适时调整择业目标,以便适应社会发展的要求。

近年来,少数高职大学生在毕业之后一段时间内不能及时就业,出现了暂时待业的现象。出现这一现象的原因是多方面的,既有主观原因,也有客观原因。在社会主义市场经济条件下,待业是一种正常的社会现象,也是高职大学生面临的现实问题,对此应有充分的思想准备和心理承受能力。同时，还应看到暂时待业不等于永久待业，经过社会和个人的努力，待业会转化为渐次就业。为减少待业，应根据现实情况及时调整就业心理，不应盲目追求理想化的职业岗位而主动放弃就业的机会，避免人为待业。

阅读思考

思考1:2009年将招募10万高校毕业生赴农村任教

据中广网2008年12月9日的报道，教育部将通过扩大农村教师特岗计划项目，2009年力争招募10万高校毕业生到农村任教。主要是针对西部偏远地区农村学校教师匮乏而开展的项目，一般聘期为3年。2009年招募的10万毕业生将分为中央和地方两个层面的项目来共同完成，中央财政支持的农村教师特设岗位计划2009年预计为3万人，另外的7万人，由地方政府采取类似的措施，动员激励优秀大学生去基层学校任教。今后农村学校教师岗位出新空岗空编时，教育行政部门将优先录用特岗计划服务期满的毕业生。目前，湖北、新疆、甘肃、贵州等已经采取了相应举措，如实施农村教师资助行动计划，由省(自治区及直辖市)政府出资来招募大学生。

思考2:观念是大学生创业的另一个“拦路虎”

记者曾在某大学校内招聘会上随机采访了数名学生，他们中的一部分有过自己做老板的想法。一名中文系的女生谈到:“我们几个本来想在校区办个餐馆，但是家里觉得读完大学开餐馆很丢人！另外，我们自己也觉经验太少……”记者发现，“有想法，难行动，观念是制约大学生创业的又一个‘瓶颈’”。一位从事大学生产业培训的工作人员告诉记者，观念制约是大学生创业中的普遍情况，来自家长的阻力、对社会和市场的陌生，容易让部分学生的创业梦想无法“成真”。陈某毕业后自己创业开餐馆，由于经营地方风味，定位准确，生意很红火。但是，由于家庭不同意而最终“夭折”，转让给自己的表哥，自己去了北京。“一个大学毕业生开餐馆，那上大学干什么?”他遗憾地这样重复着父母的话。观念还未转变是大学生创业的另一个“拦路虎”。

思考3:大学生办养殖厂

尹某大学毕业后,找不到理想的工作。经过深思熟虑和仔细的市场调查,他决定搞养殖业,创办了“司南养殖厂”,养殖肉食狗。可是养狗需要先投入一笔资金,如何筹措资金呢?他决定先贷一部分款,他找到县里银行的行长,以自家的房子和地为抵押向银行贷得8万元。养殖厂渐渐有了起色,购买的种狗怀上了小狗。尹某喜上眉梢,然而,还没等他笑出声来,一个残酷的打击正悄悄地逼近他。狗群突然得了一种怪病,小狗还没生下来就死在了母狗的肚子里。结果,100来条小狗只活了1条!他什么也没说,决心从头再来。

尹某意识到,大规模养殖动物,不像自己家养几条狗那样简单,光靠吃苦耐劳不行,一定要靠科学管理。他虽然在学校里学习过动物学的一些知识,但是真正喂养起来,其中的学问还大着呢。要懂得防疫、繁殖、接生、配饲料、抗寒、抗高温等。他从书店里买来有关养犬的书,抓紧时间学习,并聘请农学院的某教授担任了养殖厂的顾问。在该教授的帮助下,他仔细钻研,逐渐摸索实验,用生物技术自己制出一种新饲料,总结了一套科学的养殖方法。不久,尹某的养殖厂获得了经济效益,“司南养殖厂”也有了一点小名气。

如今,尹某的养殖厂有了一定规模,他已养殖大小犬种300多条,其中产子母犬80多条。他的养殖厂先后招收了几名下岗职工,还招聘了2名大学生。“司南养殖厂”的肉食狗不但以数量多、肉质好成为远近闻名的生产基地,而且还用阿拉伯狗、日本狗与我国优良狗杂交,培育出新型的肉食狗。尹某说“从明年开始,我们不仅养狗,还要开发一些特种动物的养殖”。他坚信依靠高科技、优质服务去开发市场,其养殖厂必然会不断发展。

第二章　职业生涯设计

学习目标

1. 了解职业生涯规划的内涵
2. 了解职业生涯规划的主要内容
3. 明确高职生活与职业生涯设计的关系

篇首案例

成功属于职业发展规划清晰及不断进取的人

贝塔斯曼直接集团中国区人力资源总监张某以专科毕业生的身份进入贝塔斯曼，经过6年多时间的努力成为人力资源总监。她说："我的经历对专科生来说，应该是一种鼓舞。我对自己的职业发展有很清晰的规划，对未来充满理想"。很多人问她是什么原因获得了老板的赏识？她说大概有三个方面：一是对自己的职业发展有很清晰的规划；二是要做就做得最好，付出100%的努力；三是善于总结并不断改变自己。

刚进贝塔斯曼做培训讲师的时候，她就想将来要做培训主管，虽然有一年多时间没有得到任何晋升，但对职业发展规划的目标从没放弃。当她被提升为培训主管的时候，就设想下一步是到企业做人力资源管理，还是到咨询部门进行咨询服务。后来，她担任了一线助理，接着做服务经理，在咨询部门为公司内的5个企业提供人力资源服务。在这一阶段，她要与5个企业的经理打交道，相当于供职于5个公司。按照贝塔斯曼的规定，这5个企业每年各出资2万元以得到人力资源服务。对于企业主管来说，即使员工做得再好，主管也希望员工做得更多更好一点，对工作提出很高的要求。这一阶段，她得到了很多锻炼，提高很快。后来，终于走上了人力资源总监的岗位。

每次面对困难她都对自己说“这是一次难得的宝贵的锻炼机会”。在她任人力资源总监前，公司曾经做过一次幅度很大、涉及 200 多个员工的岗位调整。当时，困难很多，问题十分棘手，其前任总监对她说：“这是锻炼你的千载难逢的机会，把这个问题处理好了，你的人力资源管理能力会增加很多。”那段时间她几乎天天在公司里与有关人员一起讨论、策划新的组织构架。张某是一个善于总结、不断找出自己的问题并加以改进的人，经常思考自己有哪些问题，存在哪些不足，想办法进行调整。

今天，在贝塔斯曼集团，高职、高专生依然很受欢迎。公司对员工的专业、学历没有太多的要求，不会考虑对方是本科生还是大专生，只要能够与该公司“以客户为中心、讲究团队合作、尊重每一个人、面向市场、积极改变”的企业文化相匹配，达到公司的要求，就是公司所需要的人。机遇垂青于有准备的人，不管你是何种学历层次，只要你有一个清晰的职业生涯规划并不断进取，就有可能获得成功。（摘编自《高职大学生就业指导》，北京邮电大学出版社，孙权、王滨有主编，第 81 页）

交流研讨

张某取得事业成功的经历给了我们什么启示？为了实现职业理想你打算做什么准备？

点评分析

职业生涯规划是根据主客观条件设计出的合理且可行的职业生涯发展方向。哈佛大学的研究资料表明，为自己做出明确职业生涯规划的人大约只占到 5%的比例。但职业生涯结束时，这 5%的人所获得的净资产比其他没有做过明确职业生涯规划的那 95%的人的净资产的总和还要多。可见，科学合理的职业生涯规划对一个人的发展意义重大。贝塔斯曼直接集团中国区人力资源总监张某从专科生到总监的经历告诉我们，高职生不应因为自己的学历低而苦恼自卑、怨天尤人。大多数用人单位更看重人的能力，而非学历。成功属于职业发展规划清晰并不断进取的人。

第一节 职业生涯及其发展

一、职业生涯及其规划的内涵

“职业”一词是由“职”和“业”两个字组合而成。“职”字包含着责任、工作中所担当的职务等意思；“业”字含有行业、业务、事业等意思。《现代汉语词典》将职业解释为个人在社会中所从事的作为主要生活来源的工作。“生涯”，是指一个人的一生，这其中包括了若干个小阶段，比如求学生涯、家庭生涯、职业生涯等。

“职业生涯”(career)即事业生涯，是指一个人一生连续从事和负担的职业、职务、职位的过程。一个人的事业究竟应向哪个方向发展，其一生要稳定从事哪种职业类型，扮演何种职业角色，都可以在此之前做出设想和规划。职业生涯规划是人们面对经济发展、职业分化与经济周期产生的一系列矛盾，为解决就业问题做出努力的产物，最初产生于美国，在 20 世纪 90 年代传入我国。最初的职业生涯规划主要是用于企业的人力资源管理。高职大学生职业生涯规划，是指通过学习知识、转变观念、提高技能等手段，来改善当前自身的状况，发展与今后职业生涯目标相适应的潜在职业能力的过程。这个过程是以高职大学生自身为开发对象，工作的重点是为获得和改进可能与工作有关的知识、技能、动机、态度、行为等因素，以利于提高自己今后的职业绩效，最终实现其职业生涯目标的各种规划。

二、职业生涯规划的特点

职业生涯规划的特点是具有个性化、发展性和整体性。

个性化是职业生涯规划的最重要的特点。每个人的职业生涯规划会因个人性格、价值观、思维方式、行为方式差异而有所不同，人们会根据自身的职业条件、职业理想进行独特的职业选择。职业生涯规划是一个发展、演进的动态过程，根据个人在不同阶段的需求而不断变化与成长，直至终身。每个人的职业发展过程都由若干具有递进关系的阶段组成，不同阶段都有不同的目标和任务。这些目标和任务，又存在着逻辑上的关系，为实现个体职业发展目标服务。职业生涯是个人与他人、个人与环境、个人与社会互动的整体。虽然个人的主观能动性对其职业生涯规划有重要影响,但是合理的职业生涯规划要求制定者与外界尽可能多地交换信息,与家人、朋友、师长、上级、职业顾问等尽可能多地交流,听取他们的意见,充分利用测评工具测定职业潜能等。职业生涯规划有助于实现人生价值。在职业生涯规划中,要把握好“三观”,即职业生涯发展观(生存、发展、事业);职业价值观(奋斗与享受、事业与金钱、自我与社会、索取与奉献等);择业策略观(全方位、多渠道、巧应对、慎选择等)。对高职大学生来说,认真地剖析自我、塑造自我、规划自我,不仅有利于正确看待就业,从容面对就业竞争和压力,增强自我发展的目的性与计划性,把握成功的机会,而且也可以在职业生涯规划中进一步体会学会做人、学会求知、学会做事的真谛,全面提升自身的综合素质。

三、职业生涯的发展阶段

职业生涯发展阶段的划分是职业生涯规划研究的一个重要内容。对于具体阶段的划分,不同的专家学者有不同的观点。在现有的国外职业生涯发展阶段的理论中,主要有金兹伯格的三阶段理论、萨珀的五阶段理论、德斯勒的五阶段理论、利文森的六阶段理论、施恩的九阶段理论等。这里简要介绍金兹伯格、萨珀和施恩的理论。

1. 金兹伯格的职业生涯发展阶段理论

金兹伯格认为职业在个人生活中是一个连续的、长期的发展过程。职业选择经历也是从模糊的空想走向现实的。他将这一逐渐成熟的心理过程分为三个阶段。

(1) 空想阶段(11岁之前)

这个阶段,个体希望快点长大成人,憧憬引人注目、令人激动的理想化职业。这种情感色彩很浓,带有很大冲动性和盲目性,十分不稳定。

(2) 尝试阶段(11~17岁)

这个阶段,个体开始思考今后的职业和自己所面临的任务,并把这个任务作为奋斗的目标。这个阶段又包括由兴趣、能力、价值观起主导作用的三个时期。十一二岁是兴趣期,在考虑未来职业时,个人的兴趣占优势;十三四岁为能力期,逐渐认识到自己独立完成工作的能力与职业的关系;其后是价值期,个体开始认识到职业的社会价值,并试图把兴趣与能力统一到开始形成的价值体系中去。这是职业选择形成的最重要阶段。

(3) 现实阶段(17岁～成人)

这一阶段注重现实,力求主观因素与客观因素协调统一。这个阶段也可分为三个时期。首先是探索期,个体尝试把自己的选择与社会的需要联系起来;其次为具体化时期,这时职业目标已基本确定,个体开始为之努力;最后为特定化时期,个体为了实现特定职业选择,开始准备进入高一级学校,或接受专业训练,准备就业。

2. 萨珀职业生涯发展阶段理论

生涯发展大师萨珀根据"生涯发展型态研究"的结果,将人生职业生涯发展划分为成长、探索、建立、维持和衰退等五个阶段。

(1) 成长阶段(1～14岁)

成长阶段属于认知阶段。在这个阶段,孩童开始发展自我概念,学会以各种不同的方式来表达自己的需要,且经过对现实世界不断地尝试,修饰他自己的角色。这个阶段发展的任务是:发展自我形象,并了解工作的意义。

(2) 探索阶段(15～24岁)

探索阶段属于学习打基础的阶段。该阶段的青少年,通过学校的活动、社团活动、打零工等机会,对自我能力及角色、职业作了一番探索,因此选择职业时有较大弹性。这个阶段发展的主要任务是:使职业偏好逐渐具体化、特定化。

(3) 建立阶段(25～44岁)

建立阶段属于选择、安置阶段。由于经过上一阶段的尝试,不合适者会谋求变迁或作其他探索,因此该阶段较能确定在整个事业生涯中属于自己的职位,并在31～40岁,开始考虑如何保住该职位并固定下来。这个阶段发展的任务是:统整、稳固并求上进。

(4) 维持阶段(45～64岁)

维持阶段属于升迁和专精阶段。个体仍希望继续维持属于他的工作职位,同时会面对新的人员的挑战。这一阶段发展的任务是:维持既有成就与地位。

(5) 衰退阶段(65岁以上)

衰退阶段属于退休阶段。由于生理及心理机能日渐衰退,个体不得不面对现实从积极参与到隐退。这一阶段往往注重发展新的角色,寻求不同方式以替代和满足需求。

3. 施恩职业生涯发展阶段理论

美国的施恩教授将职业生涯分为9个阶段。

(1) 成长、幻想、探索阶段

一般0～21岁处于这一职业发展阶段。主要任务是:发展和发现自己的需要、兴趣、能力和才干,为职业选择打好基础;学习职业方面的知识,寻找现实的角色模式,获取职业信息,发展和发现自己的价值观、动机和抱负,作出合理的受教育决策,将幼年的职业幻想变为可操作的现实;接受教育和培训,开发工作世界中所需要的基本习惯和技能。

(2) 进入组织阶段

16～25岁的人步入该阶段。首先,谋取可能成为一种职业基础的第一项工作;其次,个人和雇主之间达成正式可行的契约,个人成为一个组织或一种职业的成员。

(3) 基础培训阶段

该阶段的年龄为16～25岁。这一阶段要担当实习生、新手的角色。也就是说,已经迈进职业或组织的大门。主要任务是:了解、熟悉组织,接受组织文化,融入工作群体,尽快取得组织成员资格,适应工作操作程序。

(4) 早期职业的正式成员资格

该阶段的年龄为17～30岁。面临的主要任务是:承担责任,成功的履行与第一次工作分配有关的任务;发展和展示自己的技能和专长,为提升或查看其他领域的横向职业成长打基础;根据自身才干和价值观,组织中的机会和约束,重估当初追求的职业,决定是否留在这个组织或职业中,或者在自己的需要、组织约束和机会之间寻找一种更好的配合。

(5) 职业中期阶段

年龄一般在25岁以上。主要任务是:选定一项要从事的专业;保持技术竞争力,在自己选择的专业或管理领域内继续学习,力争成为一名专家或职业能手;承担较大责任,确定自己的地位;开发个人的长期职业计划。

(6) 职业中期问题阶段

处于这一阶段的是35～45岁的人。主要任务是:估价自己的进步、职业抱负及个人前途;就接受现状或者争取看得见的前途做出具体选择;建立与他人的良好关系。

(7) 职业后期阶段

从 40 岁以后直到退休。主要任务是:成为一名良师,学会发挥影响,对他人承担责任;扩大、发展、深化技能,或者提高才干,以担负更大范围、更重大的责任。

(8) 衰退和离职阶段

一般在 40 岁之后到退休期间。主要任务是:学会接受权力、责任、地位的下降;学会接受和发展新的角色;评估自己的职业生涯,准备退休。

(9) 离开组织或职业——退休

在失去工作或组织角色之后,面临两大问题或任务:一是保持一种认同感,适应角色、生活方式和生活标准的急剧变化;二是保持一种自我价值观,运用自己积累的经验和智慧,以各种资源角色,对他人进行传、帮、带。

施恩虽然基本依照年龄增大顺序划分职业发展阶段,但并未囿于此,其阶段划分更多的是根据职业状态、任务、职业行为。因为每人经历某一职业阶段的年龄有别,所以,他只给出了大致的年龄跨度,并在职业阶段所示的年龄上有所交叉。

上述西方学者对职业年龄阶段的划分各有其特点。其实,我国关于职业发展与人生阶段划分的论述早在春秋时期的孔子就有了。《论语·为政篇》中就记载了孔子的这一观点:"吾十有五而志于学,三十而立,四十而不惑,五十而知天命,六十而耳顺,七十从心所欲不逾矩。"按照孔子的这一思想,加上现代人的生活特点,可以总结出具有我国现代特色的职业发展阶段理论,见下表。

阶　段	特　征	职业生涯目标
20 岁之前	成长与探索	学习知识与技能,尝试接触社会
20～30 岁	从学校走向社会	确定目标、选择职业
30～40 岁	事业迅速发展期	修订目标、调整职业、展现自我
40～50 岁	明白事理、明辨是非	在反思中继续学习和发展
50～60 岁	继续事业或者退休	调整心态、设计晚年生活
60 岁以后	退休	享受人生

阅读思考

思考1:职业,未来,你规划好了吗?

杨某,保定职业技术学院经济管理系2005届投资0201班毕业生,以其对职业生涯的规划,对未来的设计,赢得了职场的成功。刚刚毕业两年多,杨某就跻身于管理阶层,现任保定电力线材有限公司人力资源部经理。

杨某对自己未来的设计,从上高中时就开始了。杨某是带着遗憾走进保定职业技术学院的,高考失利,杨某初步设计失败。她没有灰心,积极从现实中寻找能够弥补的因素,没有放弃对理想的追求。杨某以前是一个内向、不善言谈的人,遇到事情自己就憋在心里,不知道向别人倾诉。她意识到,这种性格不利于未来的职业发展,刚刚踏入大学校门,她就规划起了学习、生活、职业。参加学生会,改变自己的性格;学好各门功课,牢固掌握专业知识、专业技能;正视缺点、弱势,变劣势为优势。有了目标,杨某就精心谋划着自己每天的生活。在学生会任职期间,她有一本厚厚的笔记本,第一页永远是当天的工作计划、学习任务。杨某对工作认真负责,开展各项活动敢想敢干,作为学生会宣传部部长,大事小情亲历亲为,在组织、协调关系上表现出了非凡的耐力与亲和力,同时大大提高了与人交流、沟通、交往的能力。此外,杨某还创办了一份系刊,为了解决经费问题,杨某跑到校外一些企业拉赞助,不得不与各种各样的人打交道,她感觉到了艰难,同时也接受了挑战。严密地规划,不懈地努力,杨某每学期都能拿到奖学金,自考也按计划通过了考试科目，而且顺利通过了计算机国家二级考试，实现了她优秀大学生的规划。

2005 年 3 月，面临毕业实习，杨某开始了自己的职业规划，根据自己的性格特点、三年来的学习锻炼，她迅速给自己定向、定点、定位。职业方向定位为专业领域岗位群，职业地点定为在自己生活了三年比较熟悉的保定；职业定位为人力资源管理。为顺利进入人力资源这一行业，她首先参加了一个为期一个月人力资源知识培训班。为迅速提高自己人力资源管理水平，获取更多信息，她特意去招聘会参加多家公司的招聘，从公司招聘者那里学习招聘员工的知识和经验。杨某的精心、细心、敏锐的洞察力，使她很快成熟了起来。2005 年 5 月，通过招聘杨某顺利进入保定市业之峰装饰有限公司，成为人力资源管理助理。保定市业之峰装饰有限公司是全国连锁的大公司，在那里杨某学到了员工培训、工资核算、劳动法规、企业文化等关于人力资源管理方面的知识和经验。2006 年 9 月，杨某顺利应聘上了保定市华北电力线材制造有限公司人力资源部经理，实现了她人生、职业的初步规划。

目前，杨某的工作忙而有序，人际关系处理得游刃有余。当时招聘杨某的公司经理说，之所以在众多优秀的应聘者中选中杨某，也是看中了杨某当时对自己工作、待遇等方面的定位与他们的预期不谋而合。认准了人力资源管理工作的杨某，在管理层大显身手的时候，又在规划未来了，她说要用两年的时间拿下本科学历，甚至再继续进修研究生，在人力资源领域，她准备从技术层面向理论层面发展。杨某的成功，是对职业设计的成功，是对自己职业定位的成功，是自己不懈追求的成功。（根据保定职业技术学院提供的案例改编）

思考 2：一个传说

很久以前，有一户人家家里生有五个儿子。老大过于实在、老二又过于奸滑、老三腿有些跛、老四背有些驼、老五是个盲人。作为一家之长的老爸很是郁闷：孩子们今后该怎样生活？经过苦思冥想，老爸决定让老大去种田，因为种地来不得半点含糊，拔苗助长、偷奸耍滑是万万不行的，就得实实在在地干；老二去经商，不是有话说得好“无商不奸”吗；老三负责搓麻，正好用长点的那条腿踩住绳头；老四负责织布，反正织布时也得弯腰驼背；至于老五去学算命吧，无须眼明，只要能掐会算即可。因此，五兄弟们都过上了自给自足的生活。试想如果安排老大去经商、老二去务农、老五去织布，恐怕哥儿几个都得沦为乞丐。用现在时髦的说法是由于老爸为儿子们进行了科学合理的"职业生涯规划"，使整个家庭都生活无忧。

第二节 职业生涯规划的主要内容

科学的职业生涯规划首先要了解自我，其次要了解自己的专业与职业选择之间的关系，最后要根据以上两点做出自我职业发展决策。

一、认识自我

认识自我，包括对自己生理状况、心理特征、专业知识和技能以及自己与周围人的关系，自己在集体中的地位等各方面的认识。

职业生涯设计就是要通过科学认知的方法和手段，对自己的职业兴趣、气质、性格、能力等方面进行全面认识，明确自己的优势与特长、劣势与不足，正确评价自我，对自己未来的职业发展有一个合理的期望值。高职大学生自我意识发展中一个突出特征，是自我意识的分化与统一。自我意识的分化就是自我意识在青年期由一个完整自我一分为二，成为两个不同的"我"，一个是"理想的我"，即关于自己未来的总设想，"我希望成为怎样的人"；另一个是"现实的我"，即"我现在是怎样一个人"。这种分化导致一个人既是自我的观察者，又是被观察者，当"现实的我"和"理想的我"进行比较时，矛盾和距离就会出现。这是高职大学生自我评价和职业发展期望值过高或者过低的一个根本原因。据某高职院校的一项调查显示，90%的毕业生表示毕业两年之内要做主管，5 年后成为部门总监，甚至还有的同学表示毕业后 10 年之内上《福布斯》等知名杂志的富豪排行榜，做一名叱咤风云的"金领"。也有一些高职大学生，由于他们在学历、家境、外貌、人际关系等方面存在自卑心理，不能对自己进行正确的评价，也直接影响到其职业生涯规划的合理性。还有一些高职大学生用大量时间参加各种文体活动、兴趣班，只是为了向用人单位证明其兴趣广泛。随着高职大学生不断进行自我观察、自我分析、自我评价，会努力积极地解决这一矛盾，求得自我意识从分化走向统一。

二、了解自己的专业对应的职业类别

在认识自我的基础上，要有的放矢地对自己所学专业及其所对应的职业进行分析。例如，我的专业未来怎样，我做了什么样的职业选择，我今后获得的学识和文凭会带给我什么等。高职大学生都有自己的专业，每个专业都有相应的培养目标和就业方向，这应成为职业生涯规划的基本依据，也是在进行职业生涯规划前必须要明确的重要内容。用人单位对毕业生的需求，一般首先选择的是求职者专业方面的特长。如果职业生涯规划离开了所学专业及其专业特长，会增加许多"补课"负担。所以，高职大学生对所学的专业知识要精深、广博，除了要掌握宽厚的基础知识和精深的专业知识外，还要拓宽专业知识面，掌握或了解与本专业相关、相近的若干专业知识和技术。此外，还要了解自己所学专业所对应的职业特性。现代职业具有自身的区域性、行业性、岗位性等特性。职业区域可能是城市，也可能是农村，可能是经济发达的特区，也可能是经济一般或贫困落后的地区。职业生涯设计时，要考虑到职业区域的特点，如该地区的特殊政策、环境特征等。职业生涯设计时，还要对该职业所在行业现状和发展前景有比较深入的了解。收集这些信息，不仅可以通过高校毕业生就业指导中心、与毕业生就业有关的各级政府部门，行业协会、行业主管部门、人才市场、人才交流会、老师、家长、朋友、同学的帮助获得，还可以通过假期社会实践、实习实践和志愿者活动中获得。在接触了几个社会职业后，学习目标、就业目标会更加明确，从而为下一步做出正确的职业发展决策打良好基础。

在了解自己的专业对应的职业类别后，可以汇集自己的选择，与职业指导教师咨询并共同讨论；认真研究自己满意的单位和工作环境，寻找自己与这些职业之间的契合点和差距；如果自己选择的职业需要更高的学识，请开始准备；着手建立专门的联系渠道，以便能帮助自己完成求职的战略计划。

在实施以上生涯策略时，可以先运用 SWOT 分析法对职业机会进行评价，然后再做下一步的努力。SWOT 分析法，是指在职业选择中通过对自己的优势、劣势、机会和威胁进行分析，对各种机会进行评估，以便选择出最佳方案中的一种职业评估和选择方法。SWOT 由四个英文单词的首字母组成：S 代表 Strength（优势），W 代表 Weakness（劣势），O 代表 Opportunity

（机会），T 代表 Threat（威胁）。这四者中，S、W 是内部因素，O、T 是外部因素。在定位自己的目标时，不妨先采用这一工具对自己进行一遍从里到外的检视，明确自己的优势和弱点，并且仔细地评估自己所感兴趣的职业机会和威胁所在。SWOT 分析法中所指的优势（S）和劣势（W）主要是基于个人本能特点的分析，而且机会（O）和威胁（T）主要是分析来自外部的环境因素。SWOT 分析如下图所示。（摘编自《高职职业生涯规划指导》，康捷主编，哈尔滨工程大学出版社，第 84 页）

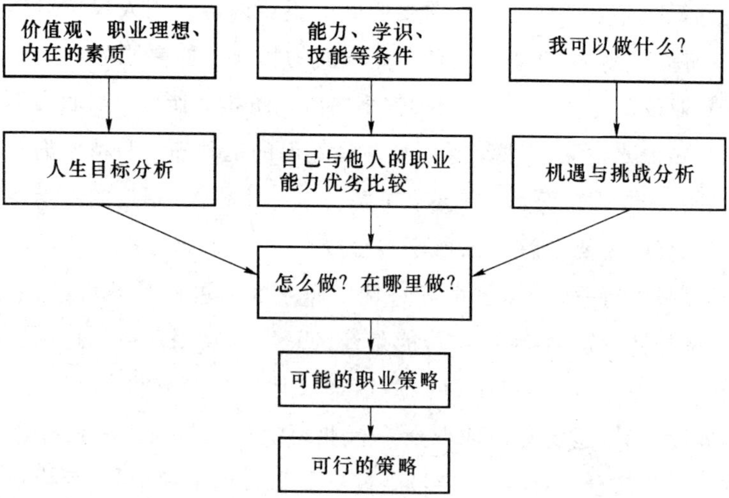

三、职业生涯与职业发展决策

在职业发展过程中，全面了解自我、获得有针对性的职业信息后，下一步就是计划和确定职业生涯目标，对自己的职业发展进行决策。

1. 决策思考模式

职业发展决策包含两个与目标有关的过程：一是定义自己的目标，二是设计实现的路线。越是周详地做好计划，就越有可能实现自己的目标。决策有一定的思考模式。当自己决定不了的时候，可以思考哪些是大事、哪些是小事？什么事应该先做、什么事应该后做？什么事该做、什么事不该做？这几个问题是在考查自己的价值观。当面临选择的时候，价值观会影响人们的思考。理清了自己的价值观是正确进行职业发展决策的第一步。

2. 职业发展决策常见类型及特征

（1）宿命型：一切都由命运掌握，跟随社会的发展即可，走到哪里就到哪里，事情会自然而然地发生，让外部环境决定吧。

(2) 直觉型：从内心深处感觉是这样的，就这样决定了，跟着感觉走，相信我自己的直觉。

(3) 挣扎型：在众多选择中我该怎么办呀，这社会太复杂，无法选择，在各种选择中不能自拔，或前怕狼后怕虎，又不敢面对现实。

(4) 麻木型：不愿作出选择，每天都在一种无职业意识的状态中度过，对外部世界的变化失去敏感，不愿为自己的职业发展多动脑子。

(5) 冲动型：不经过策划和准备，很少对未来进行思考和分析，按自己的第一个想法从事。

(6) 拖延型：事情总会解决的，现在不用关心，不用谋划，车到山前必有路，到时自然会有解决的办法，不愿对自己承诺，也不会承诺。

(7) 顺从型：依附于组织或其他人，你说怎么办就怎么办，我是一块砖，你说向哪里搬就往哪里搬，按照别人的思路发展自己。

(8) 紊乱型：能够认真分析自己和外部职业社会环境，但职业方向在发展过程中，不断变化和调整，没有真正确定过到底要做什么，一会儿东，一会儿西，自己把自己搞迷惘了。

(9) 系统型：在做出决策之前，认真分析自己和外部职业社会的关系，综合考虑各方面因素，果断自信地决定自己的职业定位与职业方向，敢于自我承诺、自我挑战，有计划、有策略，系统性地发展自己的职业生涯，合理动态地管理自己的职业发展。

3. 影响职业发展决策的因素

(1) 个人条件影响

个人条件，主要是指健康状况、个性特征、兴趣爱好、负担、性别、年龄、所受的教育等。

健康是最具影响力的一项，几乎所有的职业都需要健康的身体。不同气质、性格、能力的人适合不同类别的工作。不同职业兴趣要求对应的职业不同，如喜欢具体工作的，相应的职业有室内装饰、园林、美容、机械维修等；而喜欢抽象和创造性工作的，相应的职业有经济分析师、新产品开发、社会调查各类科研工作等。负担，是指对别人(多为家人和朋友)、社会所承担的义务。性别因素在职业发展中扮演着重要的角色，职业性别隔离严重存在，很少人能漠视性别问题。当然，如果你坚信男女两性在智慧和能力上基本上相同，那么你的性别应该不会影响你的事业选择和事业成功。对工作的看法和态度、机会尝试的勇气、胜任任务的能力和经验，不同的年龄表现都有所不同。一个人所受到的教育程度和水平，直接影响他的职业选择方向和获取他喜欢的职业的概率。

(2) 家庭影响

家庭影响对就业机会有一定影响。首先，家庭教育方式不同，认知世界方法也不同。父母的职业、价值观、态度、行为、人际关系等对个人的职业选择具有直接和间接的影响。

(3) 朋友、同龄群体的影响

朋友、同龄群体的工作价值观、工作态度、行为特点等不可避免地会影响到个人对职业的偏好。

(4) 社会环境影响

社会环境中流行的工作价值观、政治经济形势、产业结构的变动等因素，无疑都在个人职业选择上留下深深的烙印。不能否认，一个人的职业生涯决策的决定因素中也有称之为机遇的随机性的成分，但完全让命运摆布的人毕竟是少数，多数人对自己未来发展能够从内外因素进行理性分析，从而有效地进行职业生涯的选择。

4. 生涯决策平衡单与职业决策

生涯平衡单(balance sheet)由詹尼斯(Janis)和曼(Mann)在1977年设计的。他们将重大事件的思考方向集中到四个主题上：自我物质方面的得失，他人物质方面的得失，自我赞许与否，社会赞许与否。实际应用时，由于认为“自我赞许与否”和“社会赞许与否”仍显笼统，所以有的学者将最后两项改为“自我精神方面的得失”与“他人精神方面的得失”，如下图所示。

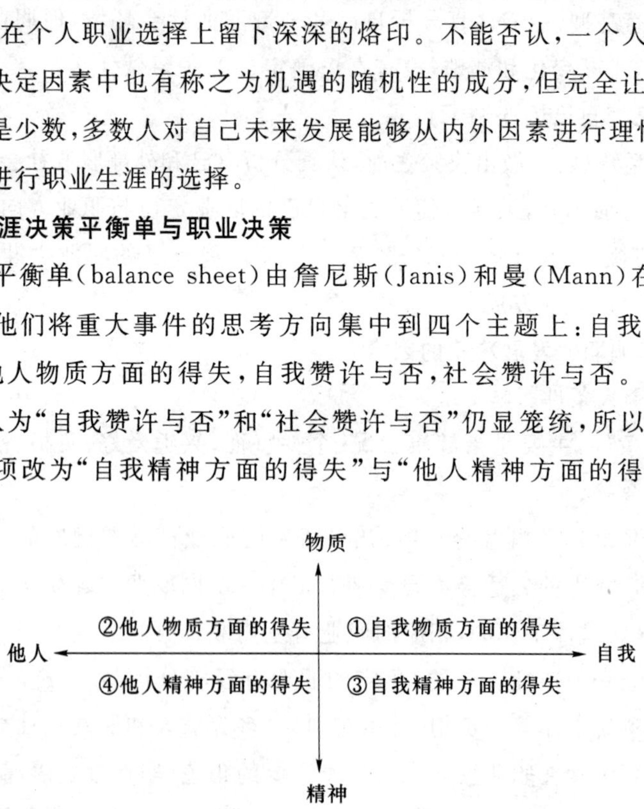

职业生涯决策平衡单就是将自己职业生涯决策时考虑的相关因素列一张表单，表单右侧列出多个方案，不限数目。每个项目两列，一列为加分值，一列为减分值。为项目之间横向比较而确定，分1～5个分数等级。左侧为每一项目所占的权重，也分1～5级，每个级别根据这个相关因素在自己心目中的重要度而确定。权重的作用是拉开分数等级，便于比较，见下表。

方案与加权分数 相关因素		第一方案		第二方案		第三方案		第四方案		权重
		留校教书		公务员		企业单位		事业单位		
		+	−	+	−	+	−	+	−	
A.个人物质方面得失	1.福利薪水		−3(−3)		−3(−3)	+5(+5)		+3(+3)		(x1)
	2.个人花费		−5(−15)		−5(−15)	+5(+15)		+3(+9)		(x3)
	3.									
B.他人物质方面得失	1.家人开支		−3(−3)		−2(−2)	+5(+5)		+3(+3)		(x1)
	2.									
C.个人精神方面得失	1.精神状态		−4(−12)		−5(−15)	+5(+15)			−2(−6)	(x3)
	2.工作压力		−5(−25)		−5(−25)		−5(−25)	+5(+25)		(x5)
	3.个人成就感		−5(−25)		−5(−25)		−5(−25)	+5(+25)		(x5)
	4.生活满意度		−5(−15)		−5(−15)		−2(−6)	+2(+5)		(x3)
	5.									
D.他人精神方面得失	1.家人的态度	+4(+8)		+4(+8)			−3(−6)		−3(−6)	(x2)
	2.朋友的态度	+2(+8)		+2(+8)			−2(−8)	+2(+8)		(x4)
	3.									
得　分		+16	−98	+16	−99	+40	−70	+79	−12	
		−82		−83		−30		+67		
优先秩序		3		4		2		1		

注：

(1) 括号内为加权相乘后的数字。

(2) 相关因素可以根据自己的考虑加以减增，比如我觉得想在将来边工作边学习，那么我可以加上学习环境这个相关因素，表中所有数字、内容均可以根据被测人自身情况更改。

(3) 优先秩序为1的方案为首选方案。

(本表摘自 康捷主编的《高职大学生职业生涯规划指导》第86页)

思考1:做睿智的职业人

张某,人文系旅游管理专业2004届毕业生,现任保定市华中假日酒店人事部培训经理。这个曾经历年获得奖学金、“三好学生”等荣誉,并获“省级优秀毕业生”称号的学生干部,以自己严谨踏实、用心专注的工作作风和睿智的职业智慧,从最基层的内勤人员做起,一步一个脚印地成长为酒店年轻的中层管理人员,为自己在职场开辟了一片广阔的天空。张某的成功不是偶然的。她说:“学校的教育给予我的是知识和爱护,而实习增加了我的实践经验和对社会的真实体验,但这些都有别于社会对职业人的要求。”酒店聘请新总经理后,是一种全新的职业化工作方法和管理方法,这曾让张某感到了一些不适应,但天生有股闯劲儿的她懂得应该去积极应对这种职场变化,学会适应职业化的新要求。在对自身工作思路的调整过程中,张某对职业人的特点和岗位对职业人的要求有了更深的认识:一个真正的职业人,应是一个懂得用头脑做事、用业绩说话的人,是能够积极承担并出色完成组织所赋予的职责的人,是学会自我管理和自我经营,能够依据自己的德才学识将自己推销出去的人,因此,要做好一个真正的职业人,必须对自己有科学的定位,并对自己的职业生涯做出科学明确的规划。作为酒店的一名员工,张某始终在工作中树立服务意识,找准自己的身份,将积极完成自身本职工作,主动了解和满足领导、同事、客人的需求作为工作的基本原则,用头脑做事,用心做人。在担任培训经理后,张某每天的工作多了许多,需要处理的关系也复杂了许多,但面对头绪万千的工作和复杂的人际关系,她懂得自己要将精力放在扎扎实实做好本职工作上,将工作做出学问,做出实效,在平凡的工作中做出不平凡的事。

在谈到如何进行职业生涯规划时,结合自身的职场体验,张某说到,高等职业院校侧重对学生实践操作技能的培养,学生往往需要从最基层的操作层面工作做起,但我们的最终目标并不仅限于此。在职业规划中,我们必须做到读懂自己,读懂行业。认清自己的优势和劣势,对自己的人生目标、兴趣、特长等有较为明确的认识。了解行业的人才需求特点及发展趋势,根据自身性格特点选择适合自己的工作岗位,并努力改变不适应职业化发展的个性,学会在工作中塑造性格。同时,更重要的是,我们要学会经营自己。要想被伯乐发现,我们必须是一匹千里马。作为职场中的一员,我们必须能够在工作中不断丰富自己、认识自己、发现自己,激发自身潜能,在每一个不同的岗位和工作中展现自己与众不同的才华,这样,才能再让别人认识和发现自己。上述一番话,让我们深深感到,那个因为怀着游遍祖国名山大川的浪漫梦想而走进旅游管理专业的女孩,经过职场的历炼,已经逐渐成长为一个睿智、理性、成熟、干练的职业女性。

"环境塑造灵性,氛围塑造个性",成为一名出色的职业人,就要找准自己适合的环境,踏入适合自己的土壤。张某找到了适合自己的职业发展空间和职业发展道路。采访中她曾表示,她的目标是成为一名真正的职业经理人,她的勤奋、严谨、睿智必将为她带来一个更加美好的明天。(根据保定职业技术学院提供的案例改编)

思考2:性格决定命运

当前特别流行的一句话:思想决定行为,行为决定习惯,习惯决定性格,性格决定命运。这句话被很多人奉为经典。有记者采访联邦快递中国区总裁陈嘉良的40分钟里,"性格"这个词至少出现了5次。在他列举的联邦快递挑选人才的普遍标准中,有如此一条:有着乐观、积极的性格,他甚至说:很多时候,求职者学历不错,面试时回答问题也很好,但是我们发现他的性格不适合从事国际快递这个服务行业,也不会录用他。

联邦快递与许多跨国企业在人才选拔方面不一样之处是多出了以下几条"以人为本"的标准。

第一条,就是看求职者是否是一个善良、正直的人。"只有善良、正直的人,我们才能相信他会不遗余力地为客户提供良好的服务,我们才放心赋予他们权力。"

第二条,要有开阔的世界观,了解国际惯例。"因为要与国外的客户、同事交流,要有很强的服务意识。"

第三条,要有乐观、积极的性格。"因为我们的工作每天都会遇到不同情况,比如有时候天气非常不好、飞机故障不能准时起飞或到达等,如果没有乐观的性格,如何去沉着面对这种种突发情况并采取及时的应对措施?"

第四条，要有团队合作精神。“我们的工作一环扣一环，一个人是无法完成的，我们要实现 1＋1＞2 的团队合作效果。”

第三节　高职大学生活与职业生涯发展的关系

一、高职大学生活对职业生涯发展的影响

1. 教育因素对职业生涯发展的影响

教育是赋予一个人才能，塑造人格，从而促进个人发展的活动。获得不同教育程度的人，在个人职业选择或被选择时具有不同能量。用人单位往往对录用者能干什么有更大兴趣。高等职业教育凭其人才培养规格的职业性、实践性和应用性特点不仅赢得了雇主的信任，也深深影响着学生们一生的职业生涯规划。高等职业教育从培养目标、专业设置、课程安排到师资力量的配备都体现出对高职大学生职业规划的决定性作用。因为人们在选择职业、转换职业时往往与所学专业有必然联系，通常会以该专业的理论知识、技术能力为基础，流动到更高层次的职业岗位上。因而，教育程度是事业成功中不可缺少的因素。

2. 心理特点对职业生涯发展的影响

通常情况下，高职院校的高考录取分数线要比其他重点院校、本科院校低，高职大学生的学习基础相对薄弱，自制力较差，缺乏辩证思考的能力，往往不能正确评价自己，过高或过低估计自我，存在依赖心理，容易产生自卑情绪和失落感等。需要通过职业生涯规划教育帮助自己认清自身的优势和劣势，认清自己的发展方向，树立新的奋斗目标，增强学习动力，培养自信心，注重综合素质和专业技能的培养和训练，为将来成功就业，实现职业理想打下良好的基础。

3. 人际关系因素对职业生涯发展的影响

2007 年“中国·安徽职教论坛”上，一份对 1 000 名高职大学生“人际关系现状”的抽样问卷调查报告显示，半数左右的学生关于自己的烦恼有口难言。据介绍，该课题小组选取 1 000 名高职大学生进行问卷调查，调查显示，高职大学生非常愿意与同龄人广交朋友，对别人的言论很敏感，十分在乎自己是否被别人喜欢，但对如何与人交际缺乏一些基本技巧和方法。职业生

涯规划是个开放的系统，它不仅需要规划者自身的主观认识和评价，还需要尽量多地与外界，比如师长、朋友、同学、上级等不断交流信息。人际关系的不协调往往会给职业生涯规划带来很大的阻力和困扰。

4. 外部环境因素

由于目前大学生就业竞争日趋激烈，导致了一部分高职大学生不顾自己的专业特长、兴趣爱好等因素，缺乏职业生涯规划，随便找工作。今天做推销员，明天做服务员，以为不管怎样只要有一个工作就不错了，结果是几年下来，不想干的工作硬撑着，想干的工作又做不成，既荒废了自己的专业，又迷失了发展的方向，从而虚度了人生最关键的发展时期。要想解决以上问题，必须通过职业生涯规划教育使学生及早认识择业与就业的关系，在择业就业时明确自己的奋斗目标，考虑专业特长，考虑兴趣爱好，不求直接选择理想职业，但至少可以明确自己的所爱所想，做好职业生涯规划，向着自己的理想职业一步步迈进。

二、制定高职学习阶段的学业规划

高职大学生为了顺利地迈入职业殿堂、找到最适合自己的职业，首先要做的就是对高职学习阶段的学业进行合理规划。规划学业，即把学习划分为不同的阶段，制定不同的目标。有了规划，最重要的就是行动，避免虎头蛇尾、无疾而终。高职大学生制定学业规划时，首先要贴近自身实际，一步步细化成具体的、可量化的指标，其次，也是最重要的，就是要切实行动起来。以下是高职大学生阶段学习目标图示。

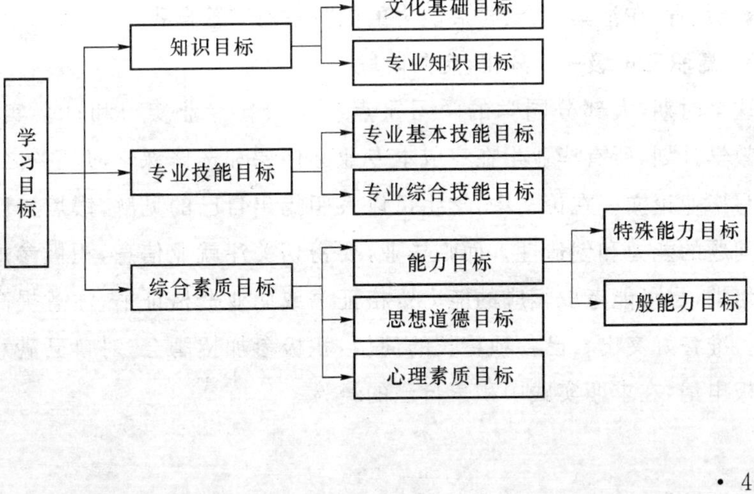

1. 高职一年级——发现、探索阶段

对于刚刚开始大学生活的高职大学生来说，大一是一个新鲜而美好的开始。在这一阶段，要认真地思考自己的人生目标，搞清楚“我为什么学习?”、“我的学习目标是什么?”、“怎样学习才更有效?”等。

大一的新生要了解自己所学专业的特点、明确学习目标和今后的努力方向，了解与该专业相对应的相关行业的具体特点、从事该行业必备的素质和技能、从事该行业的得与失、今后该行业的就业前景等。同时，适当参加各类社团活动和课外活动，提高人际沟通能力，增加交流技巧，提升自己的综合素质和道德修养。如果有将来打算专升本、出国学习，或者考取各级从业资格证的同学，应当开始了解相关规定、积极收集资料，学会通过计算机和网络辅助自己学习。

2. 高职二年级——汇集、扩展阶段

二年级的高职大学生已经适应了学校的生活，对于专业领域也已经有了初步的了解。这个阶段的高职大学生自我个性和兴趣得到了一定程度的发展，已经开始学会理性而深入地观察理解自己和身处的环境。在学好本专业基础知识的同时，应该选择一些对自己未来发展有意义的选修课。在参加学生会、社团、课外活动组织时，应该有所选择，有目的地参加能锻炼提升自己的活动，参加完每次活动后要及时检验和总结自己。此阶段，高职大学生应该尝试去兼职或参加社会实践活动，利用课余时间尽可能多地从事与自己本专业或未来职业有关的工作。在各种实践活动中，注意培养自己解决问题的能力、组织能力、沟通能力，提高自己的责任感、主动性和受挫能力，学会自省，在汇集选择、扩展能力的同时不断完善自我。

3. 高职三年级——分化、定向阶段

这个时期，大部分同学的学习重点应该放在专业实习和社会实践上。按照教学计划，所有毕业生在完成本专业必修课和选修课学习任务之后，都要撰写毕业论文。在论文中，学生可以大胆提出自己的见解，锻炼自己独立解决问题的能力和创造性。面临毕业，要密切关注就业信息，积极参加相关职业培训，尽可能考取相应的能力资格证书或职业资格证书，注意提高求职技能。准备好突出自己各项特长的简历，积极参加招聘会，对自己满意的工作积极申请，在求职实践中积累自己的经验。

阅读思考

未来十年中国的流行人才

从整个未来职业的演变趋势来看，技术性新兴职业将是21世纪社会的主体职业。

(1) 软件工程师　(2) 网络服务者　(3) 风险管理与精算人才

(4) 形象设计者　(5) 心理与健康专家　(6) 税务会计师

(7) 职业经理人　(8) 咨询服务人员　(9) 知识产权双学士

(10) 环境保护技术专家　(11) 生物学家　(12) 律师

(13) 投资顾问　(14) 新兴媒体从业者

活动感悟

活动1:职业能力评估

本次活动的目的是分析自身能力和目标职位的匹配性。为了检视学生自己对职业的认识，以及学生自己所具备的能力与理想工作所应具备的能力，请试着根据目前的职业目标，选定一项工作或职位，然后查阅相关资料，试着回答下表中的问题。(工作所需具备的能力及自己已具备的能力两部分，确定的打√，不确定或不知道的打△，不需要或自己缺乏此能力的打×)

工作职位名称	工作所需具备的能力	自己已具备的能力	整体心得感悟
	□1. 文字能力	□1. 文字能力	
	□2. 表达能力	□2. 表达能力	
	□3. 沟通协调能力	□3. 沟通协调能力	
	□4. 领导能力	□4. 领导能力	
	□5. 专业能力	□5. 专业能力	
	□6. 办公软件操作能力	□6. 办公软件操作能力	
	□7. 行销能力	□7. 行销能力	
	□8. 会计能力	□8. 会计能力	
	□9. 机械操作能力	□9. 机械操作能力	
	□10. 法律知识	□10. 法律知识	
	□11. 判断力	□11. 判断力	
	□12. 创造力	□12. 创造力	
	□13. 直觉与敏感度	□13. 直觉与敏感度	
	□14. 其他重要专业知识	□14. 其他重要专业知识	

活动2:我是谁?

请仔细思考并填写以下表格:

姓名:__________　　填写日期:______年______月______日

性别:__________　　出生日期:______年______月______日

身高:__________　　体重:__________

就读院校:__________　　专业:__________

现在的我:(请用不少于50个字的语言描述自己,尤其是兴趣、爱好等)

我的经历:(请用不少于50个字的语言描述自己与众不同的经历或者经验)

明天的我:(请描述一下现在对自己将来的期望,明确提出自己的职业方向)

我的环境(请从家庭、父母、亲友及社会几个方面来分析自己的境况,并摘选出有利于将来发展的方面)

自身条件与职业需求的差距

活动3:我的职业规划

请仔细思考并完成以下问题:

(1) 发展阶段(请按短期、中期、长期几个角度来规划)。

(2) 实现措施(注意:一定要落在实际的行动上,用明确的语言表达出自己将在何时采取何行为以达到何目标,可参考以下表格)。

阶段 项目	短期目标	中期目标	长期目标
时　间			
内　容			
实施措施			

第三章　就业政策与就业市场

学习目标

1. 了解就业形势、政策和相关就业制度
2. 了解高职大学生的就业市场
3. 明确影响职业选择的因素，培养就业力
4. 掌握办理毕业手续的相关程序步骤

篇首案例

毕业不适应症——贻误最佳就业时机

小李是北京某高职院校计算机专业专科毕业生。毕业前，面对纷繁复杂的就业形势，他怀着一种不屑一顾的姿态，逢人便讲“北大、清华计算机专业毕业的本科生、研究生一大堆，我们的学校没有名气，学历又低，哪有单位会录用啊，找工作没戏，只能再继续学习。”“专科毕业不可能找到工作，如果不能专升本就参加自考或者读成人教育。”当他面对学习的时候，如坐针毡，难以持之以恒。小李在今天想学习、明天想就业的蹉跎中怨天尤人。时光飞逝，转眼临近毕业离校的最后期限，班内同学或已落实就业单位，或已办好出国留学的手续，而小李却面临待业的境遇。

交流研讨

为避免遭遇小李毕业面临的境遇，需要吸取哪些教训？

点评分析

当前就业形势可谓严峻，毕业生应该以正确的态度对待激烈的就业竞争。面对竞争不盲目自信，亦不能过于自卑。应该在老师和家长的帮助下理性客观地认识社会就业形势，做到知己知彼、勇于竞争，顺利就业。像小李这样面对就业的状态，是“毕业不适应症”的表现之一，是一种因自身能力欠缺而延伸出来的一种不自信的表现。面对竞争激烈的就业形势，对自身毕业有各种想法，或多样设计是可取的。但小李没有将自身的想法统筹安排，并付诸实际行动，使其基本停留在打算阶段，错失了最佳就业时机。面对就业怨天尤人，把自己在竞争中的失利归结为各种外部因素，是不敢直面人生、畏惧竞争的懦弱表现。

第一节　高职大学生就业形势分析

对于高职大学生而言，求职择业是实现其走出校门、步入社会的必经过程，也是开启毕业生美好生活的关键阶段。在这人生转折的关键时期，广大毕业生要注重审时度势，了解社会现状，尊重客观规律，正确认识就业形势，客观评价就业形势。

一、大学生整体就业形势分析

1. 宏观分析

从宏观上讲，目前中国人才培养体系正处于转型时期，由原来的“人事部—组织部—劳动和社会保障部”三个环节紧密相扣的计划体制向市场配置体系转变。21 世纪以来，就业市场机制进一步深化改革，市场在人力资源配置中逐步占据主导地位，就业形势受市场发展态势影响因素逐步加大。整体来看，高职大学生面临的就业市场，劳动力供大于求的矛盾将进一步加剧。据人力资源和社会保障部预测，2009 年中国高校毕业生将达 610 万，加上往年未就业大学生，将有超过 700 万毕业生就业，而 2009 年需安排就业的总人数达 2 400 万人。如果实现 GDP 增长 8%的目标，只能解决 900 万人就业。今后几年大学毕业生数量增长快，而社会对高校毕业生的需求增加幅度不会有大的变化，就业压力将进一步加大，大学生就业竞争将更加激烈。为了应对高校毕业生的就业压力，国家将加强宏观调控。鼓励毕业生到基层就业，达到年限国家代还学费。为更大力度鼓励高校毕业生面向基层就业，对到西部和艰苦边远地区基层单位就业达到一定年限的毕业生，由国家代为偿还其学费和助学贷款。教育部将统一制定对参加现有各类基层项目的毕业生实行考研加分政策，对服务期满的高职毕业生实行免试入学读成人本科的政策。部队提前进校预征士兵，升本科考研究生可加分。为支持高校毕业生投身国防建设，对2009年高校毕业生采取5～6月份进校预征的办法。同时，协商有关部门，为入伍的高校毕业生制定个人长远发展的优惠政策，高职学历的退役士兵可免试入读成人本科；具有高等教育学历的退役士兵考研可加分。扩大农村教师特岗计划，招3万毕业生到西部地区任教。教育部还将与有关部门扩大实施农村义务教育阶段学校教师特设岗位计划。2009年，将招募约3万名高校毕业生到西部农村义务教育阶段学校任教。各地教育行政部门在农村学校教师空岗空编时，优先录用特岗计划服务期满的毕业生。

附表：2004年以来我国高校毕业生人数（单位：万人）

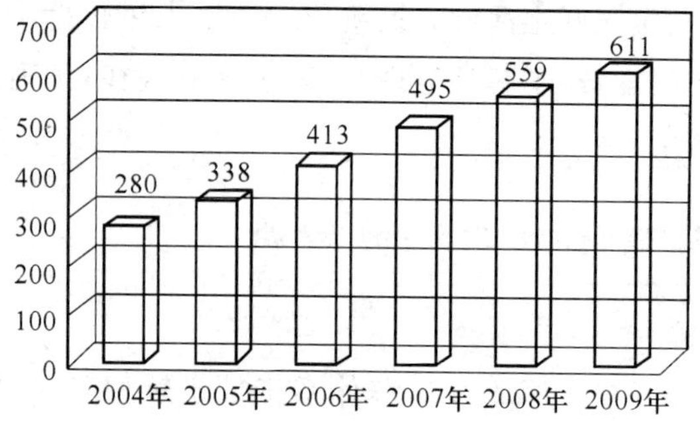

2. 微观分析

从微观上讲，就业市场的各个元素均存在不同程度的结构性矛盾。具体表现为：区域性人才供需不平衡，不同类别院校人才分配不平衡，专业供需不平衡。北京、上海等东部发达地区需求较旺，需求总量大于当地的生源数。中西部不少省区虽然有较大的用人需求，面临的问题是工作和生活条件艰苦，出现“有地方没人去，有人没地方去”的现象。教育部直属高校毕业生就业情况较好，初次就业率为85%，部门高校次之，地方院校较差。一些紧缺专业如计算机、通信、电子、土建、自动化、机械、医药等科类的毕业生需求旺盛，毕业生供不应求，而一些长线专业如哲学、社会学、经济学、法学等科类的毕业生需求较少。

二、高职毕业生就业形势分析

目前，一些本科生甚至研究生苦于找不到工作，许多高学历毕业生为就业而发愁，而高职毕业生的就业却可以一枝独秀，成为就业市场的“香饽饽”。有些热门应用性专业的高职毕业生还没走出校门，就被用人单位一抢而空或提前预订。据教育部发布数据显示，从2004年开始，高职院校毕业生的初次就业率已经连续4年保持稳定增长，平均每年增长一个百分点。2007年，全国有10个省份的高职院校初次就业率超过了本科初次就业率水平。近几年，中国每年GDP以两位数增长，国民经济发展态势良好，社会发展就会有大量的人才需求。尤其社会上高新技术型企业以及一些非公有制企业对技能型人才的需求越来越大。高职毕业生在“高端”与“低端”之间的谋求空间比较大。相对研究生、本科生而言，高职毕业生在学历上存在劣势。但其务实的心态，作为在生产、管理、经营和服务等方面有一定知识技能和文化训练的一线高技能型人才，日益受到用人单位的认可。

高职教育以就业为导向，毕业生符合社会需求。高职院校强调学生动手能力和职业技术能力的培养，在校生通过实习、实训等环节，可掌握当前岗位实用技能，到企业后可迅速上手。政府实施“高职（大专）毕业生职业资格培训工程”，对需要培训的应届高职（大专）毕业生进行职业技能培训和技能鉴定。高职学生在校期间，除了要完成规定教学计划外，学校还要组织他们考取国家各类职业资格证书。学生毕业时可同时获得学历证书和相关职业资格证书，在就业时增大了岗位竞争优势。政府、高校、用人单位、毕业生，四位一体的就业市场正在形成。政府为促进社会稳定，不断出台相应的政策引导和促进就业，从而形成了各方主体积极参与、共赢发展的就业市场环境。高职大学生就业的“优势”与“劣势”并存，重要的是毕业生在求职择业前，要对自身就业力进行清楚的认知和评价，对自己的专业特长、兴趣爱好、社交能力以及个人的职业理想等做出全面的分析，对自己将来的事业发展有一个相对明晰的定位，并根据社会对人才的基本要求塑造自己。

三、就业形势与求职择业的关系

就业形势往往影响社会成员求职择业的观念，同时社会普遍存在的求职择业观念，反过来也会影响该社会的整体就业形势。前者在一定意义上决定后者的结果，后者只有在适应前者的前提下才能实现理想目标。随着中国社会政治、经济、文化的飞速发展和法制的逐步完善，国家不断出台相应的政策、法律法规。毕业生应该通过多种途径了解掌握最新的政策、法律法规，并在研究政策、法律法规的基础上，确定自己的职业方向，处理好就业形势与求职择业的关系，充分利用有利的内外资源，为自身的求职择业增加助动力，实现理想就业。

谈大学生的就业力

高职大学生就业必须提高就业力。那么，什么是大学生的就业力呢？

第一是工作能力。求职者就怕没有任职的本领和工作能力。职业岗位需要有多大的能力，你要与之相适应，适应企业的需要。作为学生最重要的是要具备适应社会、适应工作、做好工作的能力，只要有能力就不愁找不到工作。学外语的学生，你必须得把外语说得流利，和外国人说话像和中国人说话这么流利，你怎么能找不到工作？学医学的学生，知识掌握得熟练，当病人坐在你面前的时候，一看一听，基本上能够确诊是什么病，怎么能不受人欢迎？实际上最重要的是能力问题。从古至今有本事的人，他们总是不愁找不到工作。所以说，就业力第一是工作能力。

第二是适应力。要有适应环境、适应社会的能力。高职大学生就业既有优势也有短处。优势是大学学习带给他们的知识、事业心、技能等，思维各方面都比较活跃。但是，他们也有一个缺陷，就是缺乏经验。工作经验是事业成功的重要基础之一。一个人对其工作领域的环境不熟悉，很难干出成绩来。有的高职大学生工作以后往往对周围的环境这也抱怨，那也觉得不足，抱怨得比较多。有些客观环境暂时改变不了，但是你自己是可以改变的，首先要努力适应环境，这样才能有所作为。

第三是求职能力。高职院校毕业生大部分人不可能一次就业定终身，换岗、改换工作的机会特别多，这就需要培养求职的能力，它往往是一个人工作能力、生存能力的反映。（摘编自《高职大学生就业指导》，北京邮电大学出版社，孙权、王滨有主编，第 87 页）

第二节 就业制度与政策

一、大学生就业制度的变革

经济基础决定上层建筑，一个国家的大学生就业制度作为上层建筑的一种表现形式，同样也会伴随着其社会经济基础的变革而变革。新中国成立以来，适应不同历史时期政治经济发展的需要，中国的大学生就业制度大致经历了三个重要的阶段。

1. 计划经济体制下的就业制度

1949 年新中国成立初期，全党、全国人民的重要任务之一是恢复生产，进行经济建设。中国社会时值百废待兴、百业待举的历史时期，大规模经济建设的形势，使得党和政府倍感人才的匮乏。1950 年，国家根据政治形势和经济建设的需要，提出了“统一计划、兼筹并顾”，“集中、重点配备”的方针，实行与计划经济相适应的毕业生“统包统分”制度。

2. 改革开放后的大学生就业制度

党的十一届三中全会以后，随着中国经济发展和劳动人事制度改革的不断深入，中国大学毕业生就业制度也不断进行着改革，其发展过程大致经历了三个历史时期：供需见面、双向选择和自主择业。从 20 世纪 80 年代初开始，国家在对高校大学生继续实行计划派遣就业的同时，紧密结合经济体制和教育体制改革实践的需要，对毕业生分配工作进行了一些积极的探索和尝试，相继出台了一些改革措施和办法。1985 年，中共中央颁布了《关于教育体制改革的决定》，标志着中国毕业生就业制度改革正式拉开了序幕。改革首先是改变了由政府定计划的办法，实行由主管部门和高等学校上下结合的办法编制毕业生分配计划。其次在落实计划时采取了一定范围内“供需见面”的方式。“供需见面”，是指学校与用人单位通过计划内的供需见面落实毕业生就业，而毕业生与用人单位并不直接见面。这是在“统包统分”这个模式还没有被打破的基础上，对具体做法加以修改的一种就业形式。1989 年，国务院下达文件，批准了原国家教委提出的《高等学校毕业生分配制度改革方案》(又称“中期改革方案”)。改革的目标是在国家就业方针、政策指导下，逐步实行毕业生自主择业，用人单位择优录用的“双向选择”制度。1993 年 2 月 13 日，中共中央、国务院颁布了《中国教育改革和发展纲要》(简称《纲要》)。该《纲要》明确指出毕业生就业制度改革的目标是：改革高等学校毕业生“统包统分”和“包当干部”的就业制度，实行少数毕业生由国家安排就业，多数学生“自主择业”的就业制度。为进一步加快教育体制改革步伐，原国家教委于 1994 年在《关于进一步改革普通高等学校招生和毕业生就业制度的试点意见》中又明确提出：从招生开始，通过建立收费制度，改变学生上大学由国家包下来，毕业后由国家包安排就业的做法。同时，建立相应的奖学金、贷学金制度，鼓励学生努力学习，引导毕业生参与劳动力市场的竞争。国家不再以行政分配而是以方针政策指导、奖学金制度和社会需求信息来引导毕业生在一定范围内自主择业。至此，中国初步形成了“供需见面、双向选择和自主择业”的大学生就业制度。

二、现行大学生就业制度

经过不断的探索调整，我国大学生就业市场逐步走向规范化、法制化。当前中国的大学生就业制度可以概括为：市场导向、政府调控、学校推荐、学生和用人单位双向选择。

1. 国家公务员制度

国家公务员是指各级国家行政机关中除工勤人员以外的工作人员，它包括各级人民政府组成人员，也包括在各级国家行政机关中从事党委、社团组织工作的专职工作人员。现代公务员制度，包括录用、晋升、退出、工资激励、权利保障等机制。考试录用制度是公务员制度的一个重要组成部分，对于吸引全社会的优秀人才，参与公共事物管理，参与到国家公务员队伍，这是一个重大的举措。公务员考试可以是全国性的，也可以是地域性的或者部门性的。公务员法明确指出，公务员录用考试采取笔试和面试的方式，测试应测者的公共基础知识，专业知识水平，以及其他适应职位要求的一般素质和能力。公务员报考的程序，首先是由招录部门通过网络、报纸等媒体发布公务员招考公告，包括报考的内容、科目及报考地点。其次是考试报名和考试资格审查。公务员报考资格审查主要是了解报考者的情况。再次是考试和面试，最后是公示和备案或者是审批。对于通过考试和面试拟录用人员名单，由招录机关按照规定进行公示，公示期满，不影响录用的由招录机关将拟录用人员名单，按照规定报录用主管部门审批。全国和省、市公务员招考公告和报名考试录用分别发布进行。国家公务员招考公告一般在每年的 10 月中旬发布，各省招考时间不同，自行决定，北京市公务员考试一般每年分三次招录，三次公告发布时间分别为 12 月、1 月、6 月。公务员招考公告发布和报名网站主要是国家人事网和地方人事网。

2. 职业资格证书制度

中国在特定行业实行就业准入制度。就业准入，是指根据《劳动法》和《职业教育法》的有关规定，对从事技术复杂、通用性广、涉及国家财产、人民生命安全和消费者利益的职业（工种）的劳动者，必须经过培训，并取得职业资格证书后，方可就业上岗。实行就业准入的职业范围由劳动和社会保障部确定并向社会发布。职业资格证书是表明劳动者具有从事某一职业所必备的学识和技能的证明。在中国，职业资格证书分为五个等级：初级（国家职业资格五级）、中级（国家职业资格四级）、高级（国家职业资格三级）、技师（国家职业资格二级）和高级技师（国家职业资格一级）。《中共中央国务院关于深化教育改革全面推进素质教育的决定》指出，“在全社会实行学业证书和职业资格证书并重的制度”。职业资格证书制度是劳动就业制度的一项重要内容，也是一种特殊形式的国家考试制度，它是指按照国家制定的职业技能标准或任职资格条件，通过政府认定的考核鉴定机构，对劳动者的技能水平或职业资格进行客观公正、科学规范的评价和鉴定，对合格者授予相应的国家职业资格证书。办理职业资格证书的程序为：职业技能鉴定所（站）将考核合格人员名单报经当地职业技能鉴定指导中心审核，再报经同级劳动保障行政部门或行业部门劳动保障工作机构批准后，由职业技能鉴定指导中心按照国家规定的证书编码方案和填写格式要求统一办理证书，加盖职业技能鉴定机构专用印章，经同级劳动保障行政部门或行业部门劳动保障工作机构验印后，由职业技能鉴定所(站)送交本人。

3. 就业协议书制度

就业协议书制度，是指国家为了为保护学生利益，依法办事，规范学校、学生本人、工作单位三方在毕业生就业工作中的行为而实施的一项制度。这一制度有利于约束就业市场主体行为，规范就业市场秩序，保护各方利益，避免以往就业工作中的不合法现象。《全国普通高等院校毕业生就业协议书》(以下简称《就业协议书》)是明确高校毕业生、用人单位和学校在毕业生就业工作中权利和义务的书面表现形式，是学校、学生本人、工作单位三方就毕业生离校后就业工作落实所签署的一种一式三份的协议书。《就业协议书》一般由国家教育部或各省、市、自治区就业主管部门统一制表，由学校发放，应届高校毕业生与用人单位达成就业意向后，必须签订《就业协议书》，它是国家教育部派遣证(报到证)发放的一个证明——毕业生只有签署了《就业协议书》，才能办理报到证(派遣证)。

4. 报到证制度

报到证全称"全国普通高等学校本专科毕业生就业报到证"(以下简称报到证)，它是普通高校毕业生持有的有效证件，是由教育部统一印制、省级高校毕业生就业主管部门签发的，只有列入国家就业方案的毕业生才持有，是用人单位安排毕业生工作，并接转毕业生人事档案、户口的有效凭证。报到证对于毕业生只能一人一份，由其他部门印制或签发的报到证无效。报到证的报到期限为一个月(从报到证签发之日算起)。报到证是教育主管部门正式派遣毕业生的凭证，是毕业生到用人单位报到的凭证。是用人单位给毕业生落户、接管档案的重要凭证和依据。毕业生因未及时领取报到证或领取报到证后未按时间到单位报到，后果由毕业生本人负责。如果毕业生要离开原单位到新的单位工作，需要进行改派。在毕业生与原工作单位协商一致以后，由毕业生本人向学校就业指导中心提出申请，学校把改派所需材料上报市教委，待省市教委批准后方能改派。毕业生改派的期限为毕业后一年之内，过期不能再办理改派。改派只能改一次，而且京外生源毕业生改派只能到京外的单位就业，不能改派到京内单位。毕业生办理改派手续需要将原就业报到证、就业协议书(一式三份)、原户口迁移证(涉及迁移户口的)、前单位的解约函、新单位的接收函和学生本人向学校递交的书面改派申请等材料同时交回学校，换取新的就业协议书，再重新签订就业协议后，按照原来的程序办理新的报到证和户口迁移证。

5. 劳动合同制度

劳动合同制是中国改革开放以后普遍实行的劳动用工制度。20世纪80年代中期以来，随着《中华人民共和国劳动法》、《中华人民共和国合同法》的施行，劳动合同制在中国各类企业当中广泛推行，直至2008年1月1日《中华人民共和国劳动合同法》(简称《劳动合同法》)的施行，中国的劳动合同制度得到更加全面的规范，劳动法律制度的不断完善，对于促进劳动关系规范有序发展具有重要的推动作用。

6. 人事代理制度

人事代理，是指在社会主义市场经济条件下，经组织人事部门批准或授权指定的人才服务机构(指政府人事部门所属人才交流服务机构)，受单位和个人委托，运用社会化服务方式和现代化手段，按照国家有关政策和法规规定，为其代办的有关人事业务。简单地说，就是把“单位人”变成“社会人”，实现人事关系管理与人员使用分离，即单位管用人，人事管理工作，如档案管理、计算工龄、评定职称、社会保险等由人才交流中心代管。人事代理制度使得用人单位与被聘用人员只受双方签订的聘用合同的约束。用人单位有充分的用人自主权，而劳动者则享有充分的择业自主权和流动的权利，真正实现了“单位人”到“社会人”的转变。

7. 失业登记制度

在法定劳动年龄内，有劳动能力和就业要求，处于无业状态的城镇常住人员，可以到公共就业服务机构进行失业登记。失业人员凭失业登记证明享受公共就业服务、就业扶持政策或按规定申领失业保险金。失业登记的具体程序和失业登记的证明样式，由省级劳动保障行政部门统一规定。毕业生毕业半年以上未能就业并要求就业的高校毕业生，可持学校证明到入学前户籍所在地城市或县级劳动保障部门办理失业登记。

8. 就业见习制度

根据2006年3月22日人事部、教育部等联合发出《关于建立高校毕业生就业见习制度的通知》的文件精神，就业见习制度是为了帮助回到原籍的、尚未就业的高校毕业生实现就业而推出的政策，类似实习制度。相关部门每年将组织没有就业的高校毕业生到基地参加见习，同时为见习高校毕业生提供免费就业服务。

三、高职大学生就业政策

国家关于高校毕业生就业的政策主要体现在两个文件中。一个是2002年3月4日印发的国务院办公厅19号文件，即《国务院办公厅转发教育部等部门关于进一步深化普通高等学校毕业生就业制度改革有关问题意见的通知》，另一个重要文件是在国办发〔2002〕19号文件发布之后，2002年10月14日印发的教学〔2002〕16号文件，即《教育部公安部人事部劳动保障部关于切实做好普通高等学校毕业生就业工作的通知》。这两个文件的内容体现了现在及今后一个时期高校毕业生就业工作的国家的主要政策。高职毕业生在国家就业方针政策指导下，通过"供需见面、双向选择"自主择业。已落实工作单位的毕业生国家负责为其办理就业手续，在规定时间内未落实工作单位的毕业生，学校将档案、户口转回其家庭所在地，由当地毕业生就业指导服务机构帮助推荐就业。具体的就业政策如下：

1. 定向生就业政策

定向生原则上按入学时合同就业。如确因特殊情况不能回原定向单位就业的毕业生，须征得原单位的同意报就业主管部门批准，并交纳相应的违约金和培养费后，可调整就业单位。

2. 结业生就业政策

结业生就业必须在就业报到证上注明"结业生"字样。在规定时间内，未联系单位的，其档案、户籍关系转至家庭所在地（家住农村的保留非农业户籍），自谋职业。已被录用的结业生，在国家财政拨款单位就业的，其工资待遇按照国务院有关文件规定，比国家规定的普通高校毕业生工资标准低一级。结业生在一年内补考及格换发毕业证书者，国家承认其毕业资格，工资待遇从补发证书之日起按毕业生对待。

3. 肄业生就业政策

肄业生由学校发给肄业证书，国家不负责其就业派遣，将其档案和户口转回其生源所在地自谋职业。

4. 毕业生自费出国留学的政策

毕业生可以申请自费出国留学，申请自费出国留学的毕业生不参加就业，凭国（境）外大学的录取通知书，在学校规定的期限内提出申请，经学校教务和毕业生就业管理部门审核同意后，不列入就业计划。毕业生集中离校时未办妥手续的，原则上将其户口转至家庭所在地，继续办理出国手续。

5. 特殊岗位就业政策

享受师范、农林、民族、体育、航海等国家专业奖学金及享受艰苦行业、地区或特殊岗位定向奖学金的毕业生原则上按国家计划就业，对不服从就业计划自谋职业的，需补缴在校学习期间普通专业的学费并返还定向奖学金、专业奖学金。

6. 患病毕业生就业政策

患病毕业生不能坚持正常工作的，让其回家休养。一年内治愈的(须经学校指定县级以上医院证明能坚持正常工作的)可以随下一届毕业生就业。一年以后，仍未痊愈或无用人单位接收的，户籍关系和档案材料转至家庭所在地，由其自谋职业。

7. 来自边远省区毕业生就业政策

来源于边远省区的高职毕业生，只要是边远省区急需的，原则上应回生源省区就业。边远省区特指：内蒙古自治区、黑龙江省、广西壮族自治区、贵州省、云南省、西藏自治区、甘肃省、宁夏回族自治区、青海省、新疆维吾尔自治区。

8. 志愿服务西部计划、服务基层的高职大学生就业政策

实施西部大开发战略，加快中西部地区发展，是我国现代化战略的重要组成部分，是党中央高瞻远瞩、总揽全局、面向新世纪做出的重大决策，具有十分重大的经济和政治意义。国务院制订了诸如增加资金投入、改善投资环境、扩大对外对内开放、吸引人才和发展科技教育等一系列重点扶持措施。国家鼓励高职大学毕业生到西部去、到基层去、到农村去、到中小企业去就业。国家规定对于原籍在中、东部的大学毕业生到西部工作，实行来去自由的原则，高职大学毕业生可提前定级，放宽专业技术资格、职务评定标准，适当提高工资标准。自 2006 年起，市级党政机关考录公务员，考录具有 2 年以上基层工作经历的高校毕业生的比例不低于 1/3，以后逐年提高。鼓励高校毕业生进村、进社区工作。按照先行试点、逐步推广的方式，公开招聘高校毕业生担任农村、社区基层组织管理职务，如村(居)党支部书记助理、村(居)委会主任助理等，工作一段时间后，可通过法定程序安排担任其他职务，给予适当的生活补贴。按照政府支持引导、市场运作的方式，在规模较大、运行良好的村级经济合作组织，开展招聘高校毕业生的试点工作。郊区各区县、乡镇要通过经验交流、举办专题讲座等多种形式，对在农村经济合作组织工作的高校毕业生进行培训。力争用 3～5 年的时间，实现每个村、每个社区至少有 1 名高校毕业生的目标。同时，选拔高校毕业生到乡镇工作，到农村基层开展支教、支农、支医服务。按照毕业生自愿报名或学校推荐、组织人事部门审核批准的程序，每年选拔一定数量应届高校毕业生到乡镇工作，对他们可直接确定行政级别或聘任专业技术职务。组织人事部门可安排他们进行 1～2 年的支教、支农、支医服务。特别优秀的，可列入乡镇领导班子后备干部名单，重点培养。选派在城镇中小学校任教的高校毕业生，以全职或兼职教师的身份，支援农村教育。对于完成 1 年支教任务的全职支教教师和累计完成 480 个课时的兼职支教教师，考核合格后，可取得市城镇教师支援农村教育证书和证章，优先参加高级专业技术职务评聘，表现突出的优先参加市级优秀教师、先进教育工作者、特级教师、市级学科教学带头人、市级骨干教师评选。鼓励北京生源高校毕业生到西部地区和艰苦边远地区基层单位工作。北京生源高校毕业生自愿报名到西部地区和艰苦边远地区基层单位工作的，户口关系可保留在北京市。

9. 自主创业鼓励政策

国家鼓励和支持高职毕业生自主创业。从事个体经营和自由职业的毕业生，可将档案存放在其常住地经人事部门授权的人才交流机构或县级以上政府授权的公共职业介绍机构，并按当地政府的规定，到社会保险经办机构办理社会保险登记，缴纳社会保险费。为鼓励和支持高校毕业生自主创业，工商和税收部门要简化审批手续，积极给予支持。凡高校毕业生从事个体经营的，除国家限制的行业外，自工商部门批准其经营之日起 1 年内免交登记类和管理类的各项行政事业性收费。有条件的地区由地方政府确定，在现有渠道中为高校毕业生提供创业小额贷款和担保。地方政府鼓励大学生自主创业的政策主要有：税费减免政策；贷款担保政策；财政补助政策；促进就业和社会保障政策。

2009 年加强高校毕业生就业工作的措施

2009 年 1 月 7 日，国务院总理温家宝主持召开国务院常务会议，研究确定了加强高校毕业生就业工作的措施。这些措施主要是:赴基层工作给予补贴、取消非直辖市落户限制、毕业生可参与高校科研、干个体经营免多项费用、提供免费就业信息服务、组织未就业毕业生见习、重点帮扶贫困毕业生等。

鼓励和引导毕业生到城乡基层就业。要大力开发基层管理和服务岗位,对到农村基层和城市社区工作的毕业生,给予薪酬或生活补贴,并按规定参加社会保险;对到中西部和艰苦边远地区县以下农村基层就业,并履行一定服务期限的毕业生,实施相应学费和助学贷款代偿;对应征入伍服义务兵役的高校毕业生实行学费补偿和助学贷款代偿。扩大中央有关部门实施的面向基层就业项目规模。

鼓励毕业生到中小企业和非公有制企业就业。对企业招用非本地户籍普通高校专科以上毕业生,直辖市以外的各地城市要取消落户限制。企业吸纳登记失业高校毕业生,可享受相关就业扶持政策。

鼓励骨干企业和科研项目吸纳和稳定高校毕业生就业。鼓励国有大中型企业特别是创新型企业更多吸纳高校毕业生,支持困难企业保留大学生技术骨干。承担国家和地方重大科研项目的单位要积极聘用优秀毕业生,高校的科研专项可吸收毕业生参与研究,其劳务性费用和有关社会保险费从项目经费中列支。

鼓励和支持毕业生自主创业。高校要积极开展创业教育和实践活动,建设完善一批大学生创业园和创业孵化基地,为高校毕业生创业提供"一条龙"服务。对高校毕业生从事个体经营符合条件的,免收行政事业性收费,落实税收优惠、小额担保贷款及贴息等扶持政策。

强化毕业生就业服务。高校及教育、人力资源社会保障部门要采取多种方式为毕业生提供免费就业信息和各类就业服务。

提升毕业生就业能力。所有高校都要确保毕业生在离校前都能参加学习实践活动。完善离校未就业毕业生见习制度,从2009年起,用三年时间组织100万未就业高校毕业生开展见习。在高等职业院校实施毕业证书和职业资格证书"双证书"制度。

建立和完善困难毕业生援助制度。积极为离校后未就业回原籍的高校毕业生提供就业服务,将登记失业的高校毕业生纳入当地失业人员扶持政策体系,对就业困难和困难家庭毕业生给予重点帮扶。

第三节　高职大学生就业市场

高职大学生就业市场，是指在社会主义市场经济体制下，通过国家宏观政策指导，有计划、有组织、有目标地培育和建立起来的，以高等院校为基础对大学毕业生资源进行合理配置的人力资源市场。作为一种市场，其“买方”是用人单位，其“卖方”是毕业生，两者进入市场遵循市场规律进行“交易”（双向选择），最终完成毕业生在人力资源市场的合理配置。

一、大学生就业市场特点及类型

1. 高职大学生就业市场特点

高职大学生就业市场的特点主要是具有社会性、专属性、时效性、群体性和多样性等。高职大学生就业问题不仅是一个社会现象，而且是一个事关国计民生的大事，它关系到国家人力资源能否合理配置使用和社会秩序的稳定。广大毕业生能否充分就业不仅是学生的个体问题，它同时关系到学校培养目标的实现和国家教育的发展，是一个社会问题，具有广泛的社会性。高职大学生就业市场是一种具有专属性的人力资源市场，专门为其求职择业和用人单位招录人才服务。高职大学生作为具有知识和技能的高素质人才，通过就业市场这一专属平台的竞争来实现就业。用人单位则通过就业市场这一专属平台的筛选，获得需求人才。高职大学生就业市场具有一定的时间性要求，毕业前数月是毕业生就业市场最繁忙的时期。在这段时期内，当年毕业的高职大学生同时同步地进入就业市场，用人单位也大都集中在这一时期开展招录工作。过了这一时期，就业市场就步入相对的淡季。可见，在同一时期绝大多数毕业生实现同步就业，时效性很强，毕业生一定要抓住时机及时就业。全国每年有几百万名高校毕业生进入就业市场，展示的是一个庞大的就业群体。高职大学生就业不仅包括毕业生的个体行为，也包括毕业生就业主管部门和高校针对广大毕业生群体开展就业指导、就业服务的群体性行为。正是这些群体性行为，有力地推动就业市场的有序发展，确保毕业生实现充分就业。为满足用人单位和毕业生的不同需求，举办单位不同、规模大小不同、参加主体不同等，使高职大学生就业市场呈现形式灵活、多样的特点。毕业生就业市场受整个社会政治和经济的影响较大，其需求与经济和社会发展成正比，供求关系以市场为导向，具有多变性。

2. 就业市场的类型

(1) 按照就业市场的外在表现形式分类

按照就业市场的外在表现形式分类，可分为有形就业市场和无形就业市场。有形市场，是指就业市场组织者确定某一时间将用人单位和毕业生组织在某一地点开展的招聘就业活动，特点是有固定的场所、具体的时间和地点、特定的参加对象，如毕业生招聘会等。无形市场，是指毕业生通过网络媒体等手段获取就业信息、投递简历与用人单位进行双向选择的活动。随着信息化建设步伐的加快，国家教育部、中央其他部委、各地方和学校在开发无形市场方面作了大量的积极的努力和探索。除教育部出台了高校毕业生就业信息管理和决策系统外，各地方、各高校为了进一步完善无形市场的建设，都建立了自己的毕业生就业信息网站和就业信息库，加强了就业信息的交流，实现了信息资源的共享。毕业生和用人单位通过计算机网络进行双向选择，大大提高了效率，节省了人力、物力、财力。有的地方和学校还积极研究、探索开展网上招聘和网上择业的模式。在无形就业市场里，毕业生联系工作不受特定的时间和空间限制，依据个人意愿，自行选择，其外在表现是没有具体的时间、地点和固定的场所。

(2) 按照举办单位不同分类

按照举办单位不同分类，可以分为学校主办的就业市场、校际联合举办的就业市场、用人单位举办的就业市场、政府主办的就业市场和社会就业市场等。学校主办就业市场，即学校为本校毕业生组织的招聘会、洽谈会，它是针对本校毕业生的专业特点和就业方向，邀请与其密切相关的用人单位参加，主要为本校毕业生就业服务的市场，是目前就业市场毕业生就业的主渠道。校际联合举办的就业市场，是指两个及两个以上高校联合举办的毕业生就业市场，主要是为加大毕业生专业综合性，满足用人单位不同需求，增强就业市场效能而实行的校际联合。用人单位举办的就业市场，一般是由大型企业和企业集团举办、以宣传企业形象并招聘本企业所需要毕业生的就业市场，如企业的招聘说明会等。政府举办的就业市场，是政府主管部门或者人才中介机构主办的毕业生就业市场。例如，省、市、区主管毕业生就业部门组织各高校所设立的大学生就业市场，地方人事主管部门或者人才中介机构所设立的人才市场等。社会就业市场，是由政府人事代理机构或人才市场、职业介绍所、人才公司等机构举办的临时性和常规性的人才招聘就业市场。

（3）按照举办的类别不同分类

按照举办的类别不同分类，可以分为行业性就业市场、分层次类就业市场、分科类就业市场。行业性就业市场是由中央部委主管毕业生就业部门主办的主要为本系统、本行业毕业生和用人单位服务的就业市场。分层次类就业市场，主要是指招聘单位对学历层次的要求不同而形成的研究生就业市场、本专科毕业生就业市场。分科类就业市场，主要是地方毕业生就业主管部门从用人单位和学校两方面考虑，从市场细化的角度出发，把理、工、农、医、师等学科类的毕业生分别集中起来，与相应的用人单位双向选择。

（4）按照举办的区域不同分类

按照举办的区域不同分类，可以分为区域性毕业生就业市场和国际性毕业生就业市场。区域性毕业生就业市场，是由地方毕业生就业主管部门举办的为本地区经济发展服务的就业市场。国际性毕业生就业市场，是由国内外的人才中介组织举办的人才市场，实现了毕业生在国际间的相互流动，招聘的人才可在国内外大型企业或跨国公司就业。

二、就业市场的发展趋势

1. 高职大学生就业市场的新变化

当前，随着中国社会结构的调整和变革，社会对毕业生的素质要求逐步提高，就业竞争日益激烈，以学校为基础的毕业生就业市场已经基本形成。为了维护就业市场的良好秩序，政府不断出台相应政策法规，就业指导和就业服务进一步规范。高职大学生就业市场呈现了一些新变化。教育部公布信息显示，每年就业市场除了毕业生数量有较大幅度增加外，就业结构也在发生变化。从层次上看，高职毕业生就业率每年都有较大幅度的提高。近年毕业的研究生，就业率基本持平并有所下降，本科生就业率每年同比增加 1 个百分点，高职高专毕业生就业率每年同比增加 6 个百分点。从就业单位性质看，毕业生到民营企业、三资企业就业、自主创业和灵活就业比例增加，占已就业人数的 48%。从地区流向看，到西部地区、东北等老工业基地就业的毕业生增加。如2008年甘肃省比往年多接收毕业生2 800多人,辽宁省省内高校留省就业的毕业生至少比往年多6 100人。从专业情况看,工程技术类和行业特点明显的专业毕业生就业率高,尤其是高职大学生体现得更为明显。2008年第一季度,招聘需求排名前20位的专业类型依次是:市场营销、行政管理、土建、企业管理、电子工程、人力资源管理、会计、贸易经济、计算机网络、饭店管理、旅游管理、信息工程、计算机软件、工程管理、自动控制、翻译、计算机应用与维护、机械仪器仪表、计算机硬件、化工与制药。2008年第一季度与2007年第四季度相比,人才热门需求专业变化仍然较大,20个热门专业中有8个专业发生了变化,占到了40%。这8个新增的热门专业是:企业管理、电子工程、信息工程、工程管理、自动控制、翻译、计算机应用与维护和化工制药。前20位招聘需求职位数合计为383 615个,占需求总量的67.5%,与2007年第四季度热门专业需求所占比例相比又上升了两个百分点,说明用人单位需求仍然比较集中于热门专业。就业率比较高的专业有:道路与桥梁、水利水电建筑工程、纺织工程、印刷技术、机床数控技术、电子通信技术等。2008年1月1日生效的《中华人民共和国劳动合同法》的实施也给大学生就业市场带来了一些新的变化,主要表现为:劳动合同期限变长,人才派遣更受欢迎,应届生权益更有保障。

2. 高职大学生就业市场的发展趋势

高职大学生就业市场的发展趋势是市场导向作用日益明显,政府宏观调控将进一步加强,就业市场管理将更加规范,无形市场加快发展。市场在人力资源配置中将发挥更加重要的作用,人才市场的供需变化,直接影响高等院校学科专业结构设置、人才培养模式和教学改革内容。就业是民生之本,做好高校毕业生就业工作,是"加快推进以改善民生为重点的社会建设"的具体体现,是构建社会主义和谐社会的重要内容,是建设人力资源强国和建设创新型国家的必然要求。政府将进一步加强对就业市场的宏观调控,主要通过运用政治、经济、法律的手段进行调控,维护就业市场的良性发展,保持社会稳定,使大部分毕业生在国家方针政策下,通过就业市场,按照个人的能力、条件到人才市场参与竞争,用人单位也通过工作条件及优惠待遇吸引毕业生,最终实现全社会人力资源优化配置。近年来,在大学生就业市场运行过程中,存在就业市场的行为不规范、市场制度不健全等问题。诸如非法职业介绍机构随意扰乱毕业生就业市场;招聘、应聘中的信息不通畅、弄虚作假；供需双方的轻率违约；合法权益得不到保护；各种乱收费现象以及某些招聘活动中的非公开、非公正行为的存在等。这些问题严重干扰了大学生就业市场的正常运行。今后几年，随着我国社会主义市场经济的不断发展和完善，就业市场也将进一步完善，并不断向规范化、法制化迈进，逐步形成统一开放、竞争有序的人力资源市场。未来的就业市场不仅具有有效配置毕业生资源、交流供需信息的功能，而且具有为毕业生提供“全程化、全员化、信息化、专业化”的就业指导和服务功能。

阅读思考

零工资起薪企业不愿要

近期，智联招聘网站对职场人第一份工作的调查内容显示，职场人第一份工作的工资呈明显的下降趋势。尽管各城市居民平均工资呈上升趋势，然而大学毕业生首份工作的工资水平却无法与几年前同日而语，更有学生迫于无奈提出“零工资”就业。在参与调查的5 296名大学生中，69.2%都表示如果暂时找不到工作，愿意在一家相对理想的单位零工资就业。谈到原因，主要还是集中在积累经验上。在这近七成愿意暂时零工资就业的大学生中，又有近八成表示之所以可以接受零工资就业是想先积累工作经验，骑驴找马。也有一成的人寄希望能够在工作中体现自己的价值，使雇主看到自己的长处，从而能够获得该单位宝贵的工作机会。然而，70%的企业表示不接受零工资的求职者，主要原因是这些用人单位清楚零工资是违反《劳动合同法》的行为。大学生零工资就业还会带来种种问题，其中尤以三个问题最为突出。一是可能会被黑心雇主钻空子，滥用廉价劳动力。二是会加剧大学生贬值，容易造成恶性竞争，扰乱就业市场。三是违背劳动有所得的原则。

活动感悟

活动1：行动起来，成为就业市场上最抢手的“人才”

每位同学利用课余时间进行就业市场调查，撰写简单的调查报告(1 000

字左右)。

课堂分享:调查得出的结论——当前就业市场是什么样的?(3~5人,每人2分钟)通过调查同学们会发现现实中与想象中的就业市场差异很大,要对就业市场有全面而客观的认识,才能指导自己充分利用各类就业市场,在激烈的就业竞争中脱颖而出。

活动2:头脑风暴游戏

思考解决问题——"如何适应竞争激烈的就业形势",全班以5~6人分组,成员参加游戏的要求和步骤:

(1) 只针对需要解决的问题,专心提出想法,不对其他成员意见、建议进行评价。

(2) 坚持尊重和开放原则,鼓励发散思维,不局限思考空间,想出解决办法越多越好,畅所欲言,记录每个人的想法。

(3) 各组结果汇总,分享各种解决方案。

教师指导语:鼓励同学将可行方案付诸就业实践,勇于尝试,寻找理想职位。

第四章　求职择业心理准备

学习目标

1. 了解求职择业心理准备的作用
2. 明确求职择业中的相关心理问题
3. 掌握心理问题的调适方法

篇首案例

煮熟的鸭子飞了

李强、谭大伟是住在同一个宿舍的大学生，所学专业都是市场营销。在毕业前求职期间，他们在学校的食堂前看到了一家外企的招聘启事，便分别寄去了自己的求职材料。后来，他们都顺利地通过了笔试，并同时收到了面试通知。

面试时，他们被分在两个会议室。主考官问了李强一些关于市场营销的问题。李强对答如流，并不时提出自己的新见解，受到了主考官的赞赏。在另一个会议室里，谭大伟的面试也进行得很顺利，主考官对他的回答也表示十分满意。

在面试就要结束时，主考官向李强、谭大伟分别提出了同样的问题："对不起，我们公司的电脑出了故障，参加面试的名单里没有你，非常抱歉！"胜利在望的李强听到了主考官的话后，马上就变得没有了风度，质问主考官为什么会出现这样的事。"我在学校里每次考试都是第一名，为什么居然不能进入面试？这是公司成心在耍我。"主考官对他说："你先别生气。其实，我们的电脑并没有出错。你以第一名的成绩进入了我们的面试名单。刚才的插曲只不过是我们给你出的最后一道题。面对竞争激烈的就业,你感到惶恐和不安是正常的。但是,你的心理承受能力实在太差了。市场营销部是全公司最有可能经历风险的部门,作为这个部门的高级人员,需要有良好的心理素质。我们希望你能找到更适合的工作。"李强愣住了:煮熟的鸭子飞了!没想到这也是一道考题!

在另一间会议室,谭大伟在听完了同样的问题之后,面带微笑,十分镇定地说:"我对贵公司发生的这个错误十分遗憾,但是我今天既然来了,就说明我和公司有缘分。我想请您再给我一次机会。对公司来说,它或许能够意外地选择一个优秀的员工。"主考官露出满意的神情:"你真是一个不错的小伙子!我们愿意给你这个机会。"(摘编自《高职大学生就业指导》,北京邮电大学出版社,孙权、王滨有主编,第 91 页)

交流研讨

良好的心理素质对一个人的成功有何作用?

点评分析

心理学家曾经对 1 500 名智力超常学生进行长达 50 年的追踪研究。他们对其中 150 名最成功者(高成就组)和 150 名最不成功者(低成就组)进行了详细的分析比较,结果发现两者之间在智力发展上相差无几,而在毅力、自信心、情感、社会适应能力以及实现目标的内驱力等非智力因素方面的差异却非常明显。高成就组具有较强的进取心、自信心、责任心,有不屈不挠、坚忍不拔的意志,良好的人际关系和社会适应能力以及创新精神。低成就组则表现出意志薄弱,耐挫折能力差,在机遇面前表现出患得患失,在困难面前畏缩不前,被动、退缩、害怕失败,从而丧失了发展和成功的机遇。良好的心理素质是就业的重要条件。有无良好的心理素质,对于就业、成才和事业的成功有着重要的影响。用人单位很重视求职者的心理素质。如果心理十分脆弱,就算他专业成绩再好,也会错失良机。高职生在求职择业时应当自觉培养健康心理,不断努力提高自己的心理素质。

第一节　求职择业心理准备的作用

高职大学生的择业心理，是指在就业过程中表现出来的一般心理特征。狭义上讲，是高职大学生在学习期间和毕业前后，由于就业问题所引发的心理活动。广义上讲，是指高职大学生在职业理念、职业目标、职业认知、职业设计、职业素质、职业能力等职业发展各个方面不断显现出的心理现象和心理特征。高职大学生的择业心理伴随就业目标而产生，是其向社会人和职业人过渡的必然产物。保持良好的择业心态，对择业活动的各个环节都有着十分重要的作用。

一、有利于合理确定择业目标

求职择业中首要问题是目标的确定。择业目标确定得是否合理，对于目标的实现起着基础性作用，目标确定得合理有助于择业成功。面对汹涌的市场经济大潮，高职大学生们豪情满怀，准备搏击一番。然而，由于高职大学生们涉世尚浅，接触社会较少，理想往往脱离客观与主观现实条件。在择业中有些人并未考虑自己的知识、能力、性格、爱好、气质等是否适合从商，或者未真正考虑所选择单位是否有利于自己的发展，出现了理想和现实之间的矛盾，往往容易产生焦虑、自卑等心理障碍。做好择业前的心理准备，有利于在择业时保持良好的择业心态。良好的心态有利于在择业中客观分析自我、认识自我，客观地分析现实和社会的需求，从而使理想与现实、抱负与职业有机地结合起来，在择业的坐标中找到自己确切的位置，避免过于自卑而降低目标或期望值过高而脱离实际。同时，有助于高职大学生及时协调个人志愿与社会需要的关系，理智地调整自己的目标，使主观愿望尽可能地与客观实际相吻合，做出恰到好处的选择。

二、有利于顺利实现择业目标

择业目标的实现是对高职大学生专业知识和综合能力的考察，也是对高职大学生情感、意志、性格、品质的检验。择业目标的顺利实现，没有全方位的努力是难以达到的。择业是选择与被选择的过程，也是高职大学生施展才华、敲开职业大门接受用人单位筛选的过程。良好的心态，有助于高职大学生在择业中实施恰当合理的行为。例如，自荐、面试中保持健康良好的情绪，乐观向上，积极进取，面对现实，敢于竞争，不怕挫折，勇于创新，无论成功与否，都能及时进行情绪的自我调整，合理支配自己的感情和行动，对外界刺激作出能为社会认可的反应。特别是在不成功时，能够有效地克制自己的情绪和心境，尽快摆脱消极情绪的影响，避免情绪大起大落，以便总结经验，另辟蹊径。良好的心态，可以使高职大学生以健全的意志使自己的行动避免盲目草率和优柔寡断，并以顽强的意志克服各种困难和挫折，以便择业目标的正确实施。良好的心态，有利于高职大学生充分发挥自己的聪明才智，挖掘自己的潜力和优势，扬长避短，经过顽强的努力实现自己的择业目标。

三、有利于顺利适应社会

良好的择业心态有利于高职大学生顺利地完成由学校向社会的转变。就业是高职大学生人生中的一次重大转折。良好的择业心态，可以保证学生主动自觉地完成这一转变，有准备地应付转变过程中可能会遇到的各种事件，防止过度的紧张反应和其他心理异常，有利于高职大学生就业后的职业适应。高职大学生就业后的职业活动，并非原来学习活动的简单迁移，职业适应需要有一个过程。有关调查材料表明，这个适应过程的时间有长有短。其中的快或慢、顺利或曲折，固然受多方面因素的影响，但是否具有良好的择业心态是一个重要的前提条件。

优秀毕业生为何不被录用

小李是某高校一名优秀毕业生。毕业临近时，他并不积极做各种准备，以为凭着优异的成绩，可以找到一个理想的单位。一次，某国内大型公司到校园招聘，他没有准备简历就去参加招聘会了，他认为自己到现场说说曾经的优秀事迹就一定会被录用的。当该单位的招聘经理向他要简历时，他说没有带来。经理问他为何没有带简历时，他说没有及时打印出来。经理接着问：知道应该带简历参加招聘会吗？他说：知道，老师在就业指导课上讲过了。听过他的回答，经理紧接着说：对不起，虽然你很优秀，但我们不能录用你。因为你连为自己找工作这样重要的事情都不重视，说明你做事态度不认真。就这样，小李失去了这次被录用的机会。他的几个同班同学就在他身边，而且还有两个他认为不如他的同学却被这家单位录用了。这次参加招聘会后，小李觉得很没有面子，连原有的自信都没有了，一直不敢再去参加招聘会。

自我测试

择业心理倾向测试

下列题目共有两组 20 题，请根据自己的实际情况，作出“是”或“否”的选择。

第 1 组

(1) 我喜欢同年轻人在一起。(是　否　)

(2) 我心目中的伴侣应具有独到见解和思想。(是　否　)

(3) 别人求助我的事情总是乐意帮助解答。(是　否　)

(4) 我做事重效率和节奏，缺乏精细。(是　否　)

(5) 我喜欢新鲜事物，例如新环境、新朋友等。(是　否　)

(6) 我希望与大家在一起，讨厌寂寞。(是　否　)

(7) 我读书的时候喜欢语文课。(是　否　)

(8) 我喜欢改变某些生活惯例。(是　否　)

(9) 我不喜欢零散、琐碎的事情。(是　否　)

(10) 招聘时如果主试人正在忙没有理会我，我会自己找个凳子坐下等他。(是　否　)

第 2 组

(1) 我读书的时候很喜欢数学课。(是　否　)

(2) 看过电影、戏剧后，喜欢独自深思。(是　否　)

(3) 我的书写整齐清楚,很少写错别字。(是　否　)

(4) 我不喜欢读长篇小说,喜欢读议论文、小品文或散文。(是　否　)

(5) 业余时间我喜欢做智力测验、智力游戏。(是　否　)

(6) 墙上的画挂歪了,我会设法扶正它。(是　否　)

(7) 我经常喜欢摆弄一些电子、机械物品。(是　否　)

(8) 我做事情时总希望精益求精。(是　否　)

(9) 我对服装设计有研究。(是　否　)

(10) 我能控制经济开支,一般不借他人的钱。(是　否　)

计分标准:

选择"是"记1分,"否"不记分。各题得分相加,分别计算两组得分。假设第一组的分为A分数,第二组得分为B分数。

你的A分数——

你的B分数——

A>B:表明你的思想活跃,善于与人交往。适宜你的职业是记者、演员、推销员、采购员、服务员、人事干部、宣传机构的工作人员等。

B>A:表明你具有耐心、谨慎、肯钻研的品质。适宜你的职业是编辑、律师、医生、技术人员、工程师、会计师、科学工作等职业。

A≈B:表明你具备A、B两种类型人的长处。适宜你的职业是教师、护士、秘书、美容师、各类管理人员(该测试计分标准仅供参考)。(摘编自《高职大学生就业指导》,北京邮电大学出版社,孙权、王滨有主编,第97页)

第二节　常见求职择业的心理问题及其调适

一、常见心理障碍

1. 焦虑和急躁心理

面对严峻的就业形势,平时很多毕业生常把一个词挂在嘴边:郁闷。其实,郁闷在心理学上就是焦虑的代名词。造成毕业生焦虑的原因主要有三个:一是就业制度的改革使高职大学生求职呈现出多元化的趋势,拓宽了大学生职业选择面。一般来说,职业选择自由度越大,职业选择行为的责任越重，择业心理压力便越大。二是就业难的影响。在现实生活中，高职大学生就业难已经是人人皆知的事情，临近毕业时，这种信息的负面作用增强，不少毕业生受到这种信息的影响，产生相应的焦虑心理。三是就业期望值高。部分高职大学生在就业过程中往往希望一蹴而就，尽快落实就业单位顺利就业，或幻想能得到称心如意的工作，但在实际中往往事与愿违，产生焦虑和烦躁不安甚至恐惧的心理。有的因自己学习成绩不佳而烦恼，有的因自己能力低而紧张。一般来说，适度的焦虑会使人产生压力，消除自身的惰性，增强自我的进取心，产生求胜的心理和行动。但是，如果心理上过度焦虑甚至沮丧，而自己又不能化解这些情绪，就会影响人的心理健康和人的主观能动性的发挥，造成择业失败。

2. 自卑和怯懦心理

高职大学生求职时，对自己的弱项有自知之明是明智的，这有助于避开自己不擅长的工作。但是，过度自卑则是对自己的潜能优势缺乏了解，缺乏自信心的表现。自卑和怯懦的同学最主要的问题是，对自己的能力缺乏了解，缺乏自信心，这使高职大学生很容易产生消极的心理。产生自卑感的原因很多，有生理的、环境的、家庭的或社会的原因等，但主要是心理因素造成的。有些人过低地估价自己，认为自己是高职生，比不上本科生、研究生，又没有多少工作经验，因此总是自惭形秽，觉得自己不如别人。这种自卑的心理，导致他们缺乏竞争勇气和自信，不敢正视现实，对自己的长处、优势估计不够，怀疑自己的能力，不善于发现适合自己的职业岗位，在对自己的抱怨、贬低中失去了求职的勇气。

3. 依赖和攀比心理

在就业过程中，高职大学生的依赖心理表现在缺乏主动参与意识，独立性不强，信心和勇气不足，在社会为其提供的就业机会面前心存依赖，不主动参与就业市场的竞争，不敢向用人单位展示和推销自我，依靠自身的努力去赢得竞争、赢得用人单位青睐，而是一味地依赖亲戚、朋友、社会关系给自己找门路，或依靠家长代替自己去奔波。在求职中，同学之间“追高比低”的现象时有发生，一些同学在求职中经常相互吹嘘自己的职业待遇好、收入高，导致职业期望越来越高，求职变成了自我炫耀。还有些同学看见或者听说别人找到条件优越、效益较好的单位心理上就不平衡，抱着“他能去，我更能去”的态度非要找一个条件更好的单位，而不考虑自身的条件、社会的需要、职业发展中的机遇等因素。有的毕业生在看到别人在某些方面超过了或即将超过自己时，眼红心急，很不甘心，并由此产生恼怒别人的情感和妒忌心理。在就业过程中，妒忌心理会疏远自己与他人的关系，使朋友远离，人际关系冷漠，从而使自己处于孤立的境地，分散精力，内心痛苦。

二、心理调适

1. 消除紧张正视现实

要克服焦虑、急躁的心理，就要客观地分析自己，合理地设计求职目标，不要盲目与他人攀比。可以采用合理的情绪宣泄和放松的方法来减轻焦虑。宣泄，是指将自己的忧虑向朋友、老师倾诉，一吐为快，甚至也可以在亲友面前痛哭一场。但是，宣泄一定要注意场合、身份、气氛，注意适度。至于放松，则有很多种方法，例如冥想放松法，它是让放松者发挥自我想象和自我暗示的能力来达到放松的目的。具体做法是：

(1) 找一件真实的物件，例如橘子。凝视手中的橘子，反复仔细观察它的形状、颜色、纹理脉络；然后用手触摸它的表面质地，看是光滑还是粗糙；再闻闻它有什么气味。

(2) 闭上眼睛，回忆或回味这个橘子都给你留下了哪些印象。

(3) 放松肌肉，排除杂念，想象自己钻进了橘子里。那么，里面是什么样子？你感觉到了什么？里面的颜色和外边的颜色一样吗？然后再假想你尝了这个橘子，记住它的滋味。

(4) 想象暗示自己走出了橘子的内部，恢复了原样；记住刚才橘子里面所看到的、尝到的和感觉到的一切，然后做深呼吸 5 遍，慢慢数 5 下，睁开眼睛，你会感到头脑轻松、清爽。

2. 克服羞怯心理

(1) 优点列举法

列举自己的诸多优点，然后请同学和父母帮你写出“同学眼中我的优点”和“父母眼中我的优点”，综合后最大程度地挖掘自己实际存在的优点和优势。

(2) 能力展示法

学会恰如其分地表现自己的才能。比如，学会如何平静地与人交谈，如何接近陌生人，如何同别人握手寒暄，如何进行开场白，如何使谈话继续和终止等技巧。

(3) 自我暗示法

求职择业的过程中，暗示自己，不要计较别人的议论。失败、成功都是自己的事，无须担心他人的议论。在应聘中暗示自己，如果此次面试不行，还会有下一个机会，这个单位不录用，还有其他单位在等着自己，尽量使自己放松。

(4) 成功体验积累法

可以多参加社会实践活动、实习观摩活动等，通过丰富的体验获得成功的愉悦，激励自我不断发现自己的能力，提高自信。

3. 建立自信勇于尝试

在当今竞争激烈的社会里，自信心对于一个人的成功越来越重要。建立自信勇于尝试，一方面，要充分认识到依赖心理的危害，提高自己的动手能力，不要什么事情都指望别人，遇到问题要做出属于自己的选择和判断，加强自主性和创造性，学会独立地思考问题；另一方面，要在生活中树立行动的勇气，自己能做的事一定要自己做，自己没做过的事要锻炼做，通过实践不断累积的成功来强化自己动手的习惯。

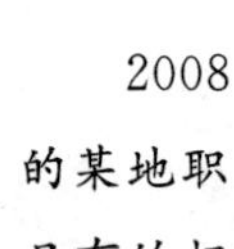

校园招聘中的各种心理

2008年的金融危机，对大学生就业有很大的负面影响。然而，毗邻北京的某地职业院校，在11月、12月连续有多家北京的用人单位进校园招聘，而且有的招聘单位还是国内的大型公司，提供了客户服务、销售和各种专业技术岗位，招聘人数多达上百人。面对北京的用人单位进校园招聘，毕业生们反映不一样。很多毕业生对今年的就业形势有清楚的认识，对自己定位准确，积极去参加招聘会，不放过每一次机会。但有的毕业生有自卑胆怯心理，认为自己学历较低，怕不适合应聘单位的要求，不敢去应聘。有的毕业生希望以专业就业，对客服、销售等不符合自己专业的岗位不愿意去，等待符合自己专业的岗位。有的毕业生看连续有单位来招聘，持观望态度，希望等待更好的单位，甚至有人被录取了也不愿去；但当没有被所谓的更好的单位录用，前面的录用机会又失去的时候，后悔不迭，焦虑万分，怕找不到工作。有的毕业生根本就不参加招聘会，原因是等待家里给找好单位。

第三节　确立正确的求职择业心态

一、正确认识和评价自己

很多高职大学毕业生在走出校门之前，有"海阔凭鱼跃、天高任鸟飞"的豪情壮志，有创造一番业绩的宏大抱负。但同学们对社会生活的估计往往失之于简单或片面，理想目标不是建立在客观条件之上。一旦遭遇挫折，很容易产生不安或不满情绪，失去竞争的勇气。其实，社会是一个万花筒，其中既有好的、有利于人发展的一面，又有不好的、不利于人发展的一面。只有正视现实，接纳现实，正确地了解、认识自己，恰当地评价自己，将主观愿望与客观实际结合起来，才能站稳脚跟，找到创造业绩的切入点。在就业中正确评价自己，需要接受市场客观现实，学会调整就业期望值。调整就业期望值不是只要有单位就去，而是要在职业生涯规划的基础上，树立长远的职业发展观念，放弃过去那种择业就是"一次到位"，要求绝对安稳的观念，可以先选择一个职业，在岗位上不断提高自己的社会生存能力、增加工作经验，然后再凭借自己的努力通过正当的职业流动和职业发展，来逐步实现自我价值。

二、主动进取积极竞争

1. 确立目标增强信心

确立就业目标是维持良好的就业心理的第一步，也是关键一步。首先，要正确认识自我，认真客观地分析自己的优点和长处、缺点和短处，兴趣特长、性格气质、能力水平等，明确自己想干什么，能干什么，社会又允许你做什么，竞争力如何。其次，还要分析社会需要状况。有的高职大学生求职时不考虑社会、求职单位因素，造成求职屡屡失败。例如，自己的专业和理想职业在社会上的需求量如何，竞争强度如何，自己的理想职业与自己所学的专业是否相符，如果不符合该如何弥补等。综合考虑以上因素，确立就业目标就比较符合实际，可以避免过高的心理预期。自信是对自己的一种积极评价。高职大学生要相信自己具备某项职业所要求的条件，鼓起勇气参与竞争。自信是以充分的就业准备为基础的，树立自信的最根本途径要靠提高自己的能力水平。

2. 正视困难敢于竞争

成功永远都不会是一帆风顺的，困难的存在是客观现实，只有勇敢面对困难、努力克服困难的人才能够获得成功。心理健康的人勇于向挫折挑战，百折不挠。心理不健康的人知难而退，甚至精神崩溃、行为失常。在就业的过程中，难免会出现各种各样的困难和失败的经历，要认真分析失败的原因。认真分析后才能心中有数，更好地调节心理，做到积极对待而不是消极退缩。高职大学生要适应就业制度的改革，就要有竞争意识。敢于竞争就要从实际出发，充分考虑到自己的专业、性格气质、爱好等，扬长避短，发挥特长。要靠真才实学，而不能靠纸上谈兵、夸夸其谈。竞争应是在互相学习、互相勉励、共同进步中进行，而不能互相拆台或互相嫉妒。求职择业的竞争，失败在所难免。有了充分的思想准备，尤其是做好遭受挫折的思想准备，才会成为竞争中的强者。

3. 增强应变能力

应变能力，是指大学生要根据实际情况，及时调整就业期望值和自己的知识能力结构的能力，以便与就业市场的需求保持最大的适应性。随着社会的快速发展，职业种类及要求的变化越来越快。有的人在刚进大学时所学专业还是紧俏的，但毕业时却已经饱和了，以致就业困难。因此，要增强应变能力。在就业市场竞争激烈的今天，高职大学生由于缺乏就业经验，倍受就业问题的困扰，需要不断提高自己的应变能力。

三、恰当定位着眼发展

在求职择业的过程中，要正确处理理想职业与职业理想的关系，恰当定位着眼发展。有人说，现在找工作赚钱能就行，尤其是在就业形势非常严峻的情况下，没有必要再谈职业理想了。这种想法是不对的。在任何情况下，一个人都应该有一个长远而又切实的职业理想。在实际生活中，现实往往与职业理想发生矛盾，很多人不能按照自己的理想标准选到合适的职业。于是,有的人索性不就业,有的人随便谋个职业混日子,也有的人对与自己的职业理想不相符的工作怨天尤人,无所作为。这些现象发生的根源,主要是择业者没有能够正确认识职业理想与现实的关系。其实,在高职大学生毕业后的头一年,大多数人都会感觉到现实与自己职业理想的落差非常大,这段时期被我们称作“职业探索期”。在这段时间里,职业理想与现实发生冲突非常正常。应该用这段时间积累经验,根据自己兴趣、能力等各方面的现实调整自己的职业理想,积极寻找机会,为自己的长期发展奠定基础。对于即将毕业的大学生来说,职业理想与“饭碗”的矛盾会经常发生。这种现象一旦发生时,既不要怨天尤人,也不要心灰意冷,而是要冷静地看待,认真地分析自己的职业理想定得是否脱离实际,职业素质是否符合自己所选择的职业。理想职业必须以个人能力为依据,超越客观条件去追求所谓理想职业是不现实的。这就要求高职大学毕业生在选择职业之前,要正确认识自己,给自己一个合理的职业定位。有人把职场分为“理想团队”、“一般团队”和“较差团队”,很多人以为不能进入“理想团队”就是不理想的。实际上,很多真正有能力的人是从“一般团队”甚至“较差团队”走出来的。职业理想不等于理想职业。当个人的能力、职业理想与职业岗位最佳结合,达到三者的有机统一时,这个职业才是自己的理想职业。只要自己的职业理想符合社会需要,并具备从事该职业的素质,迟早会有一天实现自己的职业理想。

如何对待薪金问题

高职大学生在求职应聘时,特别在乎薪金问题,有的学生会直接问:“你们给多少钱?何时能够涨工资”等类似问题。有的人一听起薪低,会轻易放弃,有时可能因此错失一个很有发展前途的单位。这是由于同学们只从自己的视角出发考虑问题,缺少对社会上单位薪金情况的了解。

在中国,任何一个行业,都有它相对标准的薪资水平。一些国有企业和大型公司都拥有固定的薪资体系。当工龄到达一定年限,或者符合了企业的某些加薪标准时，工资自然会按比例上调。如果在这类企业中没有达到某些加薪标准，企业是不会加薪的。如果申请加薪，非但不会奏效，还会降低自己的职业忠诚度，使领导质疑你的职业操守与专业素质。刚出校门的高职大学生在进入工作岗位一段时间后，往往会产生一些成就感，但是这种“收获感”与实际具备的“贡献力”根本是两回事。除非具备在短时间内明显超越于其他人的价值贡献，否则切不可自以为是地提出加薪。由于现在大学毕业生比较多，有些单位为了降低成本，在用人时比以前降低了工资标准，这也是一个事实。高职大学生应该把关心薪金的注意力转移到提高个人核心竞争力上来，使自己的职业生涯不断向前发展。当职业发展到一定高度，所关心的薪金自然就实现了。例如，某同学在一家单位从业务员干起，经过几年发展，现在已经是这家公司的销售部经理。单位不但给涨了三倍的工资，还给配了车。当初只有几百元的保底工资，到处跑业务很辛苦。但是他看到了这家企业的平台不错，有发展前途，就没有放弃，坚持下来了，收获了可喜的职业前途。

自我测试

职场性格测试

1. 你何时感觉最好？（　　）

   A. 早晨

   B. 下午及傍晚

   C. 夜里

2. 你走路时是（　　）。

   A. 大步快走

   B. 小步快走

   C. 不快，仰着头面对着世界

   D. 不快，低着头

   E. 很慢

3. 和人说话时，你（　　）。

   A. 手臂交叠地站着

B. 双手紧握着

C. 一只手或两手放在臀部

D. 碰着或推着与你说话的人

E. 玩着你的耳朵、摸着你的下巴或用手整理头发

4. 坐着休息时，你的(　　)。

A. 两膝盖并拢

B. 两腿交叉

C. 两腿伸直

D. 一腿卷在身下

5. 碰到你感到发笑的事时，你的反应是(　　)。

A. 欣赏的大笑

B. 笑着，但不大声

C. 轻声的咯咯地笑

D. 羞怯的微笑

6. 当你去一个派对或社交场合时，你(　　)。

A. 很大声地入场以引起注意

B. 安静地入场，找你认识的人

C. 非常安静地入场，尽量保持不被注意

7. 当你非常专心工作时，有人打断你，你会(　　)。

A. 欢迎他

B. 感到非常恼怒

C. 在以上两极端之间

8. 下列颜色中，你最喜欢哪一种颜色？(　　)

A. 红色或橘色

B. 黑色

C. 黄色或浅蓝色

D. 绿色

E. 深蓝色或紫色

F. 白色

G. 棕色或灰色

9. 临入睡的前几分钟，你在床上的姿势是(　　)。

A. 仰躺，伸直

B. 俯躺，伸直

C. 侧躺，微卷

D. 头睡在一手臂上

E. 被盖过头

10. 你经常梦到你在(　　)。

A. 落下

B. 打架或挣扎

C. 找东西或人

D. 飞或漂浮

E. 你平常不做梦

F. 你的梦都是愉快的

测试结果：现在将所有分数相加，再对照后面的分析分数：

1. A 2　B 4　C 6

2. A 6　B 4　C 7　D 2　E 1

3. A 4　B 2　C 5　D 7　E 6

4. A 4　B 6　C 2　D 1

5. A 6　B 4　C 3　D 5

6. A 6　B 4　C 2

7. A 6　B 2　C 4

8. A 6　B 7　C 5　D 4　E 3　F 2　G 1

9. A 7　B 6　C 4　D 2　E 1

10. A 4　B 2　C 3　D 5　E 6　F 1

低于21分：内向的悲观者。

21～30分：缺乏信心的挑剔者。

31～40分：以牙还牙的自我保护者。

41～50分：平衡的中道。

51～60分：吸引人的冒险者。

60分以上：傲慢的孤独者。

活动感悟

求职心理情境讨论

程序：

（一）分组

通过设问“如果现在就是某单位的面试，你是什么样的心理？”实现自然分组

（1）可以将预测的心理写成卡片（卡片可以选用符合心理的色彩。如果学生的心理和主持人的预测不同，可以用写好的卡片来引导学生选择，也可以将学生的不同心理补充在准备的空白卡片上），将卡片发给具有某种心理的学生，相同心理的同学聚在一起，组成学习小组（人数较多的，再分组）。

（2）商量活动约定：主动参与、真诚开放、尊重接纳

（二）情境讨论

可以根据分组情况准备情境卡片，通过抽签确定讨论主题。讨论前请各组推荐记录员和发言代表。通过此环节让学生敞开心扉，真正了解学生的择业心态，小范围的交流让学生开始审视自己的择业观。

任务：面对以下情境，你会选择哪种情况？（行为）为什么？（心理）并预测结果（效果）。将讨论结果用彩笔记录在讨论结果记录表上（为有效交流做准备）。

（1）求职时你会选择什么岗位：服务员（推销员）、领班（主管）、经理。

（2）择业时你最看重：待遇、是否能学到经验、单位的知名度以及城市（市内、市外）。

（3）面试前你会在心理对自己说一句什么话？

（4）如果你到求职现场，你会去什么地方：人多的、人少的、专业对口的、就近的招聘单位。

（5）实力不如你的一位同学成功应聘到了一个较好的单位，你认为他成功的秘诀是：运气好、有关系、发挥超常、很正常。

（三）互动交流，引发领悟

通过组与组的交流，影响学生的择业心态。

每组汇总讨论结果，分为良好心态和不良心态(学生自己认为)，再派1名同学到其他组去分享交流(要求："客人"要带礼物，可以是良好心态的推荐，也可以是对"主人"的问候和赞美……；"主人"也要回敬，尤其是针对不良心态的调节提出好建议)，然后将交流后的收获体会带回本组，修改讨论结果，并用其他色彩的笔将改变后的观点写在旁边(主持人可以随意参加一组，引导学生交流，突破难点)。

(四) 集体分享，深化效果

通过班级团体的交流，进一步影响学生的择业心态。

每组可派1名发言代表阐述本组观点，其他组同学认真倾听后可提问、评价择业心态、提出有效建议等。(主持人可以帮助表述、针对性提问或补充)。

(五) 整合经验，回馈延伸

(1) 每组推荐一名具有良好择业心态(自信、定位准确等)的同学，并做展示。

(2) 将心理分组卡片回收，每组再随意抽取一张，并在卡片后写上鼓励、赞美、建议性语句，当作礼物赠送。(分享)

第五章　求职择业基本技能

学习目标

1. 了解就业信息的概念和特征
2. 明确获取就业信息的渠道
3. 掌握自荐和面试的基本技巧
4. 掌握求职过程中的礼仪

篇首案例

命运青睐有准备的头脑

小王在某高职院校就读。一次，一位即将毕业参加工作的师兄在临别时对他说："现在找一份工作很难，找一份好工作更难，我这次动手太迟了，你以后要吸取我的教训。我这里有一些资料，你可以参考参考。"小王一看，都是一些关于用人单位的资料，一些发布就业信息的报纸和就业指导方面的刊物，还有一本就业指导书。他利用课余时间把这些资料翻了一遍，对求职知识和技巧有了一个基本的了解，他还把用人单位的通讯地址、网址和联系方式用一个小本抄下来，心想也许将来用得着。转眼间，小王也大三了，进入第一学期的小王不动声色地忙开了。他先是给一些已经工作的师兄、师姐和老乡们打电话，请他们帮忙提供本单位本年度的人才需求信息。然后，到学校就业指导中心走了一趟，查询了学校本学期就业工作的安排和即将举行的人才交流会信息。做完这些之后，他又根据自己收集的过去三年的需求信息，对来学校招聘的用人单位需求情况做了一番分析和预测，估计今年有可能需要他这个专业毕业生的用人单位，并给这些用人单位发出求职信。

春节后，各种渠道的信息慢慢反馈回来了，出乎他的意料，同时有七家单位愿意接收他，许多单位都对他如此熟悉其情况惊讶不已。小王最终选择了一家自己满意的公司，并决定先去那里实习。就这样，当其他毕业生还在毫无头绪、忙着收集信息的时候，他已在计划着怎样迈好走向社会的第一步了。

交流研讨

小王的求职经历说明了什么?

点评分析

小王的求职经历告诉我们，在求职择业的过程中，命运往往青睐有准备的人。小王知道自己在求职就业上没有其他优势，只有未雨绸缪早做准备，才能抢占先机捷足先登。其实，所有院校都希望尽可能多地把自己的毕业生推荐出去，用人单位的需求信息都会想方设法地通知到有关的毕业生。而有些毕业生一方面平时自己不主动去收集和了解信息，另一方面又与学校、就业市场、用人单位信息渠道不畅通。结果，往往是那些平时主动与有关方面保持联系，一呼即应的毕业生抢得了先机。

第一节　就业信息的收集与筛选

一、就业信息的类型与收集

1. 就业信息的类型

(1) 口头信息

口头信息，是指通过与人交谈获取的信息，如通过与老师、同学、亲朋好友交谈，得到的就业信息都属于口头信息。

(2) 书面信息

书面信息，是指通过书面材料获取的信息，如通过各种有关就业的指导性文件，学校和用人单位的书面通知、函件等获取的信息就属于书面信息。书面信息比较正规，权威性强，是高职毕业生必须重视和把握的信息。

(3) 媒体信息

媒体信息，是指通过各种正式公开发布的媒介载体获取的信息，如在有关报刊杂志、电视广播、网络发布的就业信息等。在现代社会，它们是承载信息的主要载体，特别是网络，因其信息更新速度快、信息量大而受到广大高职毕业生的青睐。但是，媒体信息，尤其是网络上的就业信息，往往混杂着众多虚假、失效和失真成分，对此类信息一定要慎重，并及时向就业指导老师和有关部门咨询，以免上当受骗。

2. 获取就业信息的渠道

(1) 高职院校的就业主管部门

高职院校的毕业生就业办公室或毕业生就业指导中心，是高职院校学生毕业就业工作的行政管理部门，与各部委和省市的毕业生就业主管部门及用人单位有着长期密切的工作联系，社会需求信息往往汇集到这里。在高职毕业生就业过程中，可以就有关问题进行咨询。高职院校就业办公室或毕业生就业指导中心是毕业生获取用人单位信息的主渠道。通过这一渠道获得的信息具有针对性强、可靠性高、成功率大等特点。一般用人单位是在掌握了该校的专业设置、生源情况、教学质量等信息后，才向学校发出需求信息的，这些信息是针对高职院校应届毕业生的，具有很强的针对性。为了对广大毕业生负责，在把用人单位给学校的需求信息公布给学生之前，高职院校就业主管部门要先经过对就业信息的审核，保证信息的可靠性。

(2) 各级毕业生就业指导机构和社会各级人才市场

国家教育部成立了全国高校毕业生就业指导中心，各地也陆续建立了毕业生就业指导机构。这些机构的一项重要任务，就是与毕业生和用人单位交流信息，搭建信息平台，提供咨询服务。随着市场经济建设的发展，我国人才市场中介机构也应运而生了，在那里不仅可以了解到许多各类不同的机构和职位，而且还为毕业生提供了一次极好的锻炼面试技能和增强面试自信心的机会。

(3) 新闻媒体和社会关系网

每年高职大学生毕业之际,报刊杂志上一般都会刊登一些关于高职大学生就业的指导信息,从不同侧面和角度反映了当年高职大学生就业的需求情况。在传媒业高速发展的今天,广播、电视、报刊、杂志等新闻媒体受到了招聘机构和求职者们的共同青睐,如《大学生就业》等每期都刊载有数量不等的招聘信息,除此以外,还辟出"择业指导"和"政策咨询"等专栏,为毕业生就业提供指导。通过网络求职是近几年来才兴起的人才交流方式,对许多求职者特别是高校应届生来说不再陌生。网络人才交流,最大的优势在于即使求职者身在异地也能获得大量招聘信息及就业机会。网络人才交流突破了人才信息与招聘信息沟通的种种限制,实现跨越时空界限、打破单向选择的传统人才交流格局。网络人才交流,讲究的是规模效应,因此其信息容量之大是其他人才交流方式所不能比拟的。高职毕业生不仅可以自由地从因特网上取得各种职业信息,而且还能利用因特网把自己的简历挂在网上。

在寻找就业信息的时候,高职毕业生千万不要忘记了周围的亲戚、朋友、学校的教师、校友等,也许他们会给你提供一些机会。实际上大多数用人单位更愿意录用经人介绍和推荐进来的求职者,如果你有这种机会最好不要放过。在关键时候找个"关系"帮你推荐一下,也许是最为有效的。当然,关系要靠自己去发掘,途径也应该正当,切不可不择手段。

二、就业信息的筛选

在收集信息的过程中,由于信息的来源广泛和获取的方式多样,各种信息良莠不齐,真假难辨,因此,必须对所获取的信息进行辨别处理,判断信息的真实性和可信度,去伪存真,从中筛选出有用信息。

1. 收集筛选就业信息的原则

(1) 真实性、准确性原则

真实性,是指收集的信息要具体、准确、真实。用人单位的地点、环境、人员构成、生活待遇、发展前景、使用意图、联系方式等各方面的信息掌握得越具体越好。准确性的要求就是对用人单位需要的是什么层次、什么专业的人才,对生源、性别、外语和计算机水平等方面有哪些特殊要求等都要搞准,以避免盲目性。

(2) 针对性、适用性原则

就业信息纷繁复杂,形形色色,并不是每一条信息都适合自己,因而要求毕业生准确认识自身的学历层次、专业、特长、能力、性格、气质等方面的因素,明确自己所需就业信息的范围,做到有的放矢,增强就业信息的针对性和适用性。

(3) 计划性、条理性原则

计划性,是指根据事先拟订的计划收集不同类型企业、事业或公司的就业信息,并根据自己希望就业的地区有重点的收集,避免大海捞针。同时,将收集来的就业信息进行归类,以便于方便、快捷地使用这些就业信息。

筛选出就业信息后,对用人单位的情况应尽可能详细地了解。例如,用人单位的准确全称、隶属关系,用人单位的性质(国有、私有、股份制、合资、外商独资、党政机关、学校、科研设计单位、部队等),用人单位需要的专业、层次、使用意图、具体工作岗位,用人单位的规模、发展前景、地理环境、经营范围和种类、主营业务和行业排名等,用人单位的福利待遇(包括薪金、福利、保险、奖金、住房、培训、休假、工作时间、提薪机会等),用人单位的联系方式等。

2. 筛选信息的步骤

求职者在搜集求职信息的基础上,要结合自己的实际情况,依据国家、地区的政策和法规,对获取的原始信息进行归纳、整理、分析和选择。筛选求职信息的步骤主要是鉴别信息、按照求职需求将信息排序、重视信息反馈。

(1) 鉴别信息

鉴别信息主要是确定信息的可靠度。信息可靠与否要通过有关渠道和知情人去核实,甚至可以实地考察后再作决定。

(2) 信息排序

筛选信息时,可以草拟一个职业选择提纲,确定择业标准,再按照标准进行初选,去粗取精,去伪存真;把自己需要的信息选出来,最后进行精选。

(3) 信息反馈

信息反馈,即将已排序的信息按顺序发送给用人单位,通过各种渠道与用人单位进行沟通后,及时了解用人单位的信息反馈,以便及时了解用人单位的意图。

3. 就业信息处理的“四象限”模式

就业信息处理的“四象限”模式是一个就业信息处理的简单模式，可以帮助毕业生在处理信息时能做出理智的选择，如下图所示。

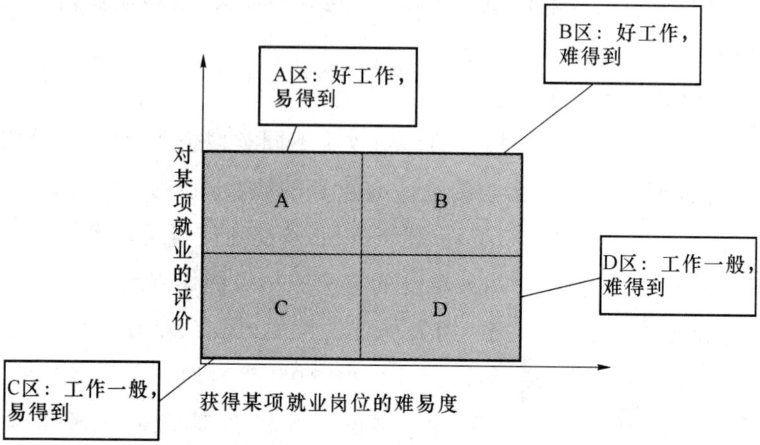

在图示的四个象限中，A 象限：既是好工作，又容易得到；B 象限：工作不错，但竞争者众多，或要求很高，得到这个工作的可能性很小；C 象限：工作一般，但比较容易得到；D 象限：不符合自己理想中的工作，也不容易得到。一般来说，在高职毕业生收集到的信息中，幸运地落在 A 区间的机会极少，大多数高职大学生最后的就业也是落在 C 区。对待 B 区信息，要倾注时间和精力认真分析研究，并精心准备应对之策，努力争取成功。对待 A 区的信息，要持审慎的态度，既不能放过机会，也要防止这类信息中诱人的陷阱。D 区的信息对毕业生的价值不大，可以将其排除在外。

思考 1：参加村官面试的经历

我是北京联合大学平谷学院金融保险专业 2008 年的应届毕业生。今年 6 月，我非常荣幸地当上了村官，被分到了房山区琉璃河镇，现任职于古庄村委会村主任助理。当我接到村官面试的通知的时候，既兴奋又紧张。虽然我参加的面试也不少，但面对这个当今很热门的村官面试，我给予了高度的重视。据了解,今年北京1.9万余名大学毕业生“争抢”3 000名村官的席位,录取比例为1∶6.3。对于我这样的高职毕业生,竞争压力可想而知。于是,我经常留心各种报纸,阅读各类时事新闻、国家的惠农政策、新农村建设等。我想这些信息都有助于我了解现在农村的基本情况,将来面试的时候也许能用得上。

面试当天,人特别的多,每个人都很自信的样子,积极的心里暗示是很重要的,我调整着自己的心情,慢慢地等待考试的来临。进入考场后,我感觉里边的气氛很凝重,考官也很严肃,不免又紧张了起来。主考官开场白后,讲了面试的要求及时间的限制,第一名同学开始面试。由于紧张,我连他的讲话一句都没有听清楚。这时,心里暗示帮了我,我准备得很充分,我谁也不怕。轮到我了,起身开场白后,我把自己在校期间取得的成绩及参加企业实践活动的收获向考官做了简单的介绍。说话的时候有点紧张,不是很流畅,但我觉得发挥还正常。考官最后向我提出一个问题:“你作为大学生到农村工作,能吃苦吗?能适应吗?”我稍加思索说“我本身就是一个农村的孩子,从小在农村长大,不存在适应的问题,我能尽快地融入到工作中去,融入到农民中去,到首都建设最需要的地方去,这是我的真实想法。”一个月后,我接到了房山区村官办的体检通知,我知道自己成功了。后来,到了琉璃河镇,有人告诉我,与我一起面试的有四个研究生,我觉得我太幸运了。回想当初的面试,我觉得之所以把握住了这次机会,最主要的原因是准备工作做得很充分。只有事先准备充分了,才能从容面对考官提出的问题。另外,穿着要遵循朴素、大方、得体的原则,言行举止要给人一种亲切、随和的感觉。(根据北京联合大学平谷学院提供的案例改编)

思考2:某公司招聘的三步曲

某公司的招聘工作有一定的代表性。该公司基本上是按照下面三个步骤招聘。同时,这也是西方跨国企业招聘管理人员的一般过程。

初步面试。初步面试由公司的人力资源部主管主持进行,通过双向沟通,使公司方面获得有关应聘者学业成绩、相关培训、工作经历、兴趣爱好、对有关职位的期望值等直观信息。同时,使应聘人员对公司目前的情况及公司对应聘者的未来期望有个大致了解。面试结束后,人力资源部要对每位应聘人员进行评价,就应聘者的外表、兴趣、经验、合理期望值、知识水平、职务能力、是否能够胜任岗位工作等项目，从 1～10 打分。就职务应考虑的优缺点，如对以前职务的态度、职业期望值等作具体评议。所有应聘者提供的书面材料供评价时参考，以确定下一轮应试人员的名单。

心理测试。由公司外聘的心理学者主持进行。通过测试，进一步了解应聘人员的基本能力、素质和个性特征，包括智力、认识思维方式、内在驱动力，包括管理意识、管理技能、技巧等。目前，这类心理测试主要有《16 种人格因素问卷》、《明尼苏达多项人格测验》、《适应能力测验》、《欧蒂斯心智能力自我管理测验》、《温得立人事测验》等。心理测试的评价结果供最后确定人选提供参考依据。

模拟测验。应聘者以小组为单位，根据工作中常碰到的问题，由小组成员轮流担任不同角色以测试其处理实际问题的能力。整个过程由专家和公司内部的高级主管组成专家小组来监督进行，一般历时两天左右。最后，对每一个应聘者做出综合评价。（摘编自《高职大学生就业指导》，北京邮电大学出版社，孙权、王滨有主编，第 127 页）

第二节　求职择业技巧

一、求职择业的基本原则

1. 要有所为，有所不为

职位万千，但并不是所有的职位都适合某一个人。空有满腔热情，认为自己有能力胜任一切职位的想法是不切实际的。自认为“无所不能”也意味着“一无所能”。“尺有所短，寸有所长”，用人单位看重的是一个人的“专长”。如果求职没有重点，或是试图证明自己是一个适合于所有职位的“万金油”，就会输在求职竞争的起跑线上。

2. 明确用人单位的职位要求

求职的每一个步骤都应该包含明确的意图，在深刻领会用人单位职位要求的基础上结合自身特点，运用专业规范的求职行为有的放矢地求职。求职者较难把握的是用人单位的职位要求，只有尽量减少这种信息不对称的情况，才有可能求职成功。同时，还要多做换位思考，多方实践，从用人单位的角度出发，深入揣摩招聘人员的心理，有针对性地展开求职行为，努力用事实证明自己的能力，而不是一厢情愿地把自己的主观评价强加给别人。只有结合自己的优势，运用精炼流畅的语言加以展现自我，才能收到良好的求职效果。

3. 要有“屡败屡战”的精神

目前，高职毕业生就业压力不断增大，求职周期不断延长，要有“屡败屡战”的精神。“天下没有免费的午餐”，有些高职毕业生经历过一两次求职失败，就一蹶不振，一味抱怨就业形势紧张是毫无益处的，不如做一些实质性的准备，提高自身的素质。求职过程本身就是不断学习、融入社会的过程，要学会从失败中吸取经验教训，不断调整自己的求职行为，只有这样才能达到成功就业的目的。在日益激烈的求职竞争中，任何一个细微的错误都有可能导致求职失败，所以，在求职过程中一定要有严肃认真的态度，把握好求职过程中的每一个细节，体现出自己较高的综合素质和良好的职业能力。

二、自荐方法与技巧

1. 自荐方式

(1) 口头自荐，即求职者直接面对用人单位，展示自己的风度和才华，推销自己。

(2) 书面自荐，即通过书面材料的形式向用人单位推销自己。

(3) 媒介推荐，即借助于新闻传播媒介进行自我推销。

(4) 院校推荐，这是目前大多数高职院校毕业生求职择业的一个重要途径。

(5) 他人推荐，即依靠他人的介绍达到自荐的目的。

上述自荐方式并不是独立存在的，在现实的求职活动中往往需要综合应用才会达到自我推荐的目的。一般来说，适当的口头自荐再加上书面自荐和学校推荐效果会好一些。

2. 自荐材料

(1) 自荐信

自荐信就是自我介绍信，其目的在于引起用人单位的兴趣和重视。有些用人单位要求求职者先寄送自荐材料，进行比较、筛选，然后再决定是否对求职者进行面试。自荐信的格式和一般书信格式大致相同，即称呼、正文、结尾、落款。开头要写明用人单位人事部门领导，如“××单位负责同志:您好"等字样,结尾写上"祝工作顺利"等祝愿的话,并表示真诚希望有一个面试的机会,最后写明自己的单位、通讯联系地址、姓名和时间。自荐信的主要内容,应包括简单的自我介绍,如姓名、毕业院校及所学专业等,说明自己期望能在该单位供职和所求岗位的原因,以及自己从事此工作具备哪些优势等。在写自荐信过程中,要坚持实事求是的原则,恰如其分地介绍自己,态度诚恳,措词得当,用语应委婉而不隐晦,自信而不自大。篇幅不易过长,言简意赅,在有限的篇幅中突出重点,语言要流畅。

(2) 个人简历

个人简历是对自己情况、经历的记载和陈述,一般是按时间顺序系统、全面地把个人身份、学历、成就、特长等充分表达出来,它一般作为自荐信的附件,呈送用人单位。个人简历无固定格式,但应反映出自己的基本情况,其内容应包括两部分:第一部分列出自己的姓名、性别、年龄、学校、系别及专业,获得何种学位及概括自己的愿望和工作目的等;第二部分可简述自己的学习、工作经历,包括所学主要课程及学习成绩、在学校和班级所担任的职务、在校期间所获得的各种奖励和荣誉、业余爱好和特长、适宜从事的工作、通讯地址、邮政编码以及联系方式等。写个人简历时,要注意让事实说话,避免自吹自擂,时序要衔接,表达要适度,格式上应便于阅读,有吸引力,用语得体,书写工整清楚。

3. 自荐技巧

(1) 选择恰当的自荐方式

自荐方式多种多样。就每一个求职择业的高职大学生而言,究竟采用何种自荐方式,首先应当从自己的实际情况出发。例如,善于语言表达的求职者,采用口头自荐似乎更能打动人心;倘若能写一笔隽秀的字体和漂亮的文章,则选择书面自荐更能显示出求职者的魅力。

(2) 准备充足的自荐材料

自荐信、个人简历、证明材料、学校推荐意见等要齐全、完整,不能有遗漏。自荐信要表明自己的态度,个人简历主要说明自己过去的经历,证明材料强调自己所取得的成绩,学校推荐意见则体现了学校对自己的认可。缺了任何一个方面,自荐材料都不够完整。由于用人单位对求职者的要求不尽相同,自荐材料也应根据不同的需要而有所变化。自荐材料的份数亦应准备充足。即使是同一个用人单位,同时呈递几份自荐材料,使各有关人员人手一份，这无疑为他们在共同商议是否录用时提供了方便。

(3) 采取适当的送达方式

寄送自荐材料一般有三种方式：一是通过邮局邮寄，二是本人亲自面呈，三是委托亲朋好友或师长转递。邮寄自荐材料这种方式因其覆盖面宽，可以扩大自荐范围，不受时空限制，其缺点是在竞争激烈的情况下，不易引起用人单位的注意。当面呈递自荐材料要求求职者必须亲临用人单位或招聘会现场，其缺点是涉及面有限，尤其对路途遥远的单位更难以实现。究竟采用哪种方式为好，应根据实际情况而定。

(4) 掌握自我介绍的技巧

① 积极主动

自荐是求职者的主动行为，任何消极等待都是不可取的。自荐、个人简历等自荐材料的呈交、寄送尽量及时进行。在了解到需求信息时，更不能迟疑，否则就可能坐失良机。为使用人单位更全面地了解自己的情况，事先应准备好各种自荐材料。不等对方索要主动呈交，不等对方提问主动向对方介绍，不消极等待回音，主动询问。

② 重点突出

在介绍自己时，应重点介绍自己的能力和知识，对于自己的专长、经验、能力、兴趣等，可以详细介绍。为了取得对方的信任，有时还要举例说明。比如，大学期间获得的奖励、承担的社会工作或某些工作经验、社会阅历，尤其是要突出企业实践经验等，突出自己的经验优势和闪光点。

③ 有的放矢

有的放矢，即针对用人单位的具体要求，强调自己的社会经验和专业所长，如用人单位招聘文秘人员，介绍自己如何具有公关能力，不如介绍自己文史哲知识及写作才能；用人单位招聘管理人员，介绍自己学生干部经验及组织管理才能可能会更受重视。强调针对性的同时，也不能抹杀相关知识才能的作用。专业特长加上广泛的知识面和兴趣爱好，往往会更受用人单位青睐。

三、面试方法与技巧

1. 面试前的准备

(1) 了解自己

面试之前，要了解自己能给用人单位提供什么，能为用人单位做出哪些贡献。同时,要了解自己的弱点,对应聘的岗位有哪些不足、怎样克服。

(2) 了解用人单位

了解用人单位需要什么样的人,特别是所应聘的岗位要求,对面试有什么要求。可以通过网络了解用人单位及其相关行业的情况。

(3) 加强演练

提高面试技能的最好方法是在面试之前进行角色扮演练习、模拟面试等。练习时,要避免背诵。不管是谈论自己还是其他的事,要自然地说出来。如果演练像在进行演讲,效果就会降低,如果让面试官看出是在背诵,面试就是失败的。

(4) 面试前的物件准备

面试前的物件包括公文包、求职记录笔记本、打印好的简历、学校成绩单复印件、个人身份证、照片等,所有准备好的文件都应该平整地放在一个牛皮纸的信封里。除此以外,还应准备好笔、学历证书、所获奖励证书等备查文件的正本和复印件。如果面试时,公司人事主管提出查看一些文件的正本而面试者又没有带的话,是非常尴尬和不礼貌的,面试官会认为你根本不重视这次面试,这是面试中应该避免的疏漏。面试时要准时,最好提前10分钟到达。

2. 应试者语言运用的技巧

(1) 口齿清晰、语言流利、文雅大方

面试时注意发音准确,吐字清晰,注意控制说话的速度,以免磕磕绊绊,影响语言的流畅。为了增添语言的魅力,应注意修辞,忌用口头禅,更不能有不文明的语言。

(2) 语气平和、语调恰当、音量适中

面试时要注意语言、语调、语气的正确运用。语气是指说话的口气,语调是指语音的高低轻重配置。自我介绍时,最好多用平缓的陈述语气,不宜使用感叹语气或祈使句。声音过大令人厌烦,声音过小则难以听清。音量的大小要根据面试现场情况而定。两人面谈且距离较近时声音不宜过大,群体面试而且场地开阔时声音不宜过小,以每个主试人都能听清为原则。

(3) 语言要含蓄、机智、幽默

说话时除了表达清晰以外,适当的时候可以插进幽默的语言,使谈话增加轻松愉快的气氛,也会展示自己的优越气质和从容风度,尤其是当遇到难以回答的问题时，机智幽默的语言会显示自己的聪明智慧，给人以良好的印象。

（4）注意听者的反应

求职面试不同于演讲，交谈中应随时注意听者的反应。例如，听者心不在焉，可能表示他对这段话没有兴趣，就得设法转移话题。侧耳倾听，可能说明由于自己音量过小使对方难于听清。皱眉、摆头可能表示言语有不当之处。根据对方的这些反应，要适时地调整自己的语言、语调、语气、音量、修辞。

3. 应试者手势运用的技巧

（1）表示关注的手势

面试时，要关注对方的谈话，表示出是在聚精会神地听。对方在感到自己的谈话被人关注和理解后，才能愉快专心地听取你的谈话并产生好感。一般表示关注的手势是双手交合放在嘴前，或把双手交叉，身体前倾。

（2）表示开放的手势

这种手势表示你愿意与听者接近并建立联系，它使人感到你的热情与自信，觉得你对所谈问题已是胸有成竹。这种手势的做法是手心向上，两手向前伸出，手要与腹部等高。

（3）表示有把握的手势

如果你想表现出对所述主题的把握，可先将一只手伸向前，掌心向下，然后从左向右做一个大的环绕动作，就好像用手“覆盖”着所要表达的主题。

（4）表示强调的手势

如果想吸引听者的注意力或强调很重要的一点，可把食指和大拇指捏在一起，以示强调。

以上介绍的是面试中常见的手势，但要达到预期的目的，还应注意因时、因地、因人灵活运用。

4. 应试者回答问题的技巧

（1）切忌答非所问

面试中，如果对主试人提出的问题，一时摸不到边际，以致不知从何答起或难以理解对方问题的含义时，可将问题复述一遍，并先谈自己对这一问题的理解，请教对方以确认内容。对不太明确的问题，一定要搞清楚，这样才会有的放矢，不致答非所问。主试人接待应试者若干名，相同的问题问若干遍，类似的回答也要听若干遍。因此，主试人会有枯燥乏味之感。只有具有独到的个人见解和个人特色的回答，才会引起对方的兴趣和注意。

(2) 把握重点条理清楚

一般情况下，回答问题要结论在先议论在后，先将自己的中心意思表达清晰，然后再做叙述和论证。否则，长篇大论，会让人不得要领。面试时遇到自己不知、不懂、不会的问题时，回避闪烁，默不作声，牵强附会，不懂装懂的做法均不足取，诚恳坦率地承认自己的不足之处，反倒会赢得主试者的信任和好感。

(3) 讲清原委避免抽象

主试人提问，总是想了解一些应试者的具体情况，切不可简单地仅以“是”和“否”作答。针对所提问题的不同，有的需要解释原因，有的需要说明程度。不讲原委，过于抽象的回答，往往不会给主试者留下具体的印象。

5. 消除过度紧张的技巧

(1) 面试前可翻阅一本轻松活泼、有趣的杂志书籍，转移注意力，调整情绪，避免紧张、焦虑情绪的产生。

(2) 面试过程中注意控制谈话节奏，若感到紧张先不要急于讲话，应集中精力听完提问，再从容应答。

(3) 正确对待面试中的失误，切不可因一时的失误而丧气。一时失误不等于面试失败，重要的是要战胜自己，不要轻易地放弃机会。

思考1：面试常见问题解析

(1)“请你自我介绍一下”

这是面试的必考题目，介绍内容要与个人简历相一致，表述方式上尽量口语化，要切中要害，不谈无关和无用的内容，条理要清晰，层次要分明，事先最好以文字的形式写好背熟。

(2)“谈谈你的家庭情况”

该题目是为了解应聘者的性格、观念、心态等常常询问的题目。回答时，可以简单地罗列家庭人口，宜强调温馨和睦的家庭氛围，父母对自己教育的重视，家庭成员对自己工作的支持和自己对家庭的责任感。

(3)“对公司的了解有多少?”

这时，准备的功夫就派上用场，将之前所收集的信息发挥出来。至少也要知道公司的产品是哪些、提供哪些服务等，不然面试官一问当场傻在那儿就麻烦大了，所以一定要事前准备。

(4)“你最崇拜谁?”

最崇拜的人能在一定程度上反映应聘者的性格、奋斗目标，这是面试官提出该问题的主要原因。回答时，不宜说自己谁都不崇拜，不宜说崇拜一个虚幻的或是不知名的人，不宜说崇拜一个明显具有负面形象的人，所崇拜的人最好与自己所应聘的工作能“搭”上关系，最好说出自己所崇拜的人的优良品质感染着自己、鼓舞着自己。

(5)“你的座右铭是什么?”

座右铭能在一定程度上反映应聘者的性格、思想、心态，这是面试官问这个问题的主要原因。回答时，不宜说那些易引起不好联想的座右铭，不宜说那些太抽象的座右铭，不宜说太长的座右铭，座右铭最好能反映出自己某种优秀品质。

(6)“谈谈你的缺点”

回答时，不宜说自己没缺点，不宜把那些明显的优点说成缺点，不宜说出严重影响所应聘工作的缺点，不宜说出令人不放心、不舒服的缺点，可以说出一些对于所应聘工作“无关紧要”的缺点。

(7)“谈谈你的一次失败经历”

回答时，不宜说自己没有失败的经历，不宜把那些明显的成功说成是失败，不宜说出严重影响所应聘工作的失败经历，仅仅是由于外在客观原因导致失败，失败后自己很快振作起来，以更加饱满的热情面对以后的工作。

(8)“你为什么选择我们公司?”

回答时，面试官试图从中了解应聘者求职的动机、愿望以及对此项工作的态度，建议从行业、企业和岗位这三个角度来回答，如“我十分看好贵公司所在的行业，我认为贵公司十分重视人才，而且这项工作很适合我，相信自己一定能做好。”

(9)“对这项工作，你有哪些可预见的困难?”

回答时，不宜直接说出具体的困难，可以尝试迂回战术，说出应聘者对困难所持有的态度，如“工作中出现一些困难是正常的，也是难免的，但是只要有坚忍不拔的毅力、良好的合作精神以及事前周密而充分的准备，任何困难都是可以克服的。”

(10)“如果我录用你，你将怎样开展工作”

回答时，可以尝试采用迂回战术来回答，如“首先听取领导的指示和要求，然后就有关情况进行了解和熟悉，接下来制定一份近期的工作计划并报领导批准，最后根据计划开展工作。”

(11)“与上级意见不一致，你将怎么办?”

回答时，可以回答：“对于非原则性问题，我会服从上级的意见，对于涉及公司利益的重大问题，我希望能向更高层领导反映。”

(12)“我们为什么要录用你?”

回答时，应聘者最好站在招聘单位的角度来回答。如“我符合贵公司的招聘条件，凭我目前掌握的技能、高度的责任感和良好的自我适应能力及学习能力，完全能胜任这份工作。我十分希望能为贵公司服务，如果贵公司给我这个机会，我一定能成为贵公司的栋梁!”

(13)“你能为我们做什么?”

回答这个问题前应聘者最好能了解招聘单位期待这个职位所能发挥的作用，根据自己的了解，结合自己在专业领域的优势来回答这个问题。

(14)“你是应届毕业生，缺乏经验，如何能胜任这项工作?”

对这个问题的回答，最好要体现出应聘者的诚恳、机智、果敢及敬业，如“作为应届毕业生，在工作经验方面的确会有所欠缺，因此在读书期间我一直利用各种机会在这个行业里做兼职。我也发现，实际工作远比书本知识丰富、复杂。但我有较强的责任心、适应能力和学习能力，而且比较勤奋，所以在兼职中均能圆满完成各项工作，从中获取的经验也令我受益匪浅。请贵公司放心，学校所学及兼职的工作经验使我一定能胜任这个职位。”

(15)“你希望与什么样的上级共事?”

回答时，最好回避对上级具体的希望，多谈对自己的要求。如“作为刚步入社会的新人，我应该多要求自己尽快熟悉环境、适应环境，只要能发挥我的专长就可以了。”

(16)“喜欢这份工作的哪一点?”

回答这个问题时，不能太直接就把自己心理的话说出来，不过一些无伤大雅的回答是不错的考虑，如交通方便、工作性质及内容颇能符合自己的兴趣等等都是不错的回答。

(17)“你有什么业余爱好?”

回答时，最好不要说自己没有业余爱好，不要说自己有那些庸俗的、令人感觉不好的爱好，最好能有一些户外的业余爱好来“点缀”自己的形象。

(18)“你希望的待遇为多少?”

这是一个非常敏感的问题，其实在目前，一般大型企业在招聘时会事先说明基本底薪待遇，而一般中小型企业有许多仍以个人能力、面试评价作为议薪的标准，回答时，可以利用互联网查询薪资定位的相关资料，配合个人的价值观、经验、能力等条件，说出最基本的薪资底限。

思考2:某企业招聘的打分制

有的企业在招聘时，将应聘者的有关表现量化分析，实行打分制，具有一定的代表性。招聘打分制考察的重点是专业技能和企业文化的认同度。例如，招聘者关心的是应聘者的专业和工作背景及经验，对所申请的工作所具备的技能如何。招聘者提出一些问题，将这些问题分为三个等级打分。另一个考察值是对企业文化的认同度GROWS，看应聘者是否能够适应该企业的企业文化。GROWS的含义是：

G——代表全球增长观念。

R——代表注重结果。

O——代表关注客户和竞争对手。

W——代表开放和多元化的工作场所。

S——代表速度和效率。

针对上述五个不同方面，主试人会问不同的问题。例如：

你怎样解决工作中的困难?

你有没有在与别人竞争的情况下完成工作?

你如何提高自己的工作效率?

如何团结周围的员工?

每一个人面试时都有两个主试人，分别在每一项问答中评价和打分。应聘者可能被标记为“优势明显”、“需要培训”、“尚有不足”等，最后，主试人通过这些问话的打分，将技能经验打分与GROWS打分填到招聘矩阵中，确

定你是否符合该企业的要求。(摘编自《高职大学生就业指导》,北京邮电大学出版社,孙权、王滨有主编,第129页)

第三节　求职择业礼仪

一、求职信的用词礼节

1. 称呼要得体

一般来说,收信人应该是有实权录用你的人。要特别注意此人的姓名和职务,书写要准确,如果不知用人单位有关人员的姓名,在求职信件中可以直接称职务头衔等,如"某公司负责人"、"经理"、"厂长"。求职信的目的在于求职,因而称呼要求严肃谨慎。

2. 问候要真诚

信的开头应有问候语,向对方问候一声,是必不可少的礼仪。问候语可长可短,即使短到"您好"二字,也体现出写信人的一片真诚,问候要切合双方关系,以简洁、自然为宜。

3. 内容要清楚

书信的内容尽管各不相同,写法也多种多样,但都要以内容清楚、叙事准确、文辞通畅、字迹工整为原则,要谦恭有礼,根据收信人的特点及写信人与收信人的特定关系进行措词。

4. 祝颂要热诚

正文后的问候祝颂语虽然只有几个字,但表示写信人对收信人的祝愿和钦敬。祝颂语有格式上的规范要求,一般分两行书写,上一行前空两格,下一行顶格。祝颂语可以套用约定俗成的句式,如"此致"、"敬礼"、"祝您健康"之类。笺文的最后,要署上写信人的名字和写信日期,为表示礼貌,给用人单位领导写信,可写"求职者"或"您未来的部下"。

5. 信皮称呼用尊称

信皮的内容除要写明收信人地址及邮政编码、收信人姓名、发信人地址及姓名以外,还要恰当地选用对收信人的礼貌语词,要注意收信人的称呼。根据收信人的职衔、年龄等,写上"经理(或总经理)"、"厂长"、"人事资源部部长”、“人事经理”或“先生”、“同志”、“女士”等。

二、打电话的礼仪

通话之初，要向对方恭敬地问一声“您好”，报出自己的身份或名字。寻人称谓要明确，注意礼貌，例如：“喂！您好！我是××大学××学院××系应届毕业生××，请问是××公司人事部吗？我想……”在叙述事情前要先问一下“您现在说话方便吗？”待确认了对方方便后，才可开始叙述事情的内容。求职电话应选择合适的时间，一般应选在上午9点半至11点钟较为合适。一般情况下，不要在用餐之时打电话。通话时间以短为佳，宁短勿长。打电话的时间一般以3～5分钟为宜。

三、面试礼仪

1. 面试的基本礼仪

面试时，要提前5～10分钟到达面试地点。进入面试室得到允许后再进去。见面时要向招聘者主动打招呼问好致意，称呼应当得体。在主试人没有请你坐下时，切勿急于落座。主试人请你坐下时，应道“谢谢”，坐下后保持良好的体态，一般以坐满椅子的2/3为宜。面试时，手应该自然放在腿的两侧或者桌子上，配合内容作适当的手势，坐姿应该自然放松但保持一定的仪态，表情应面带微笑，并不时地点头以示聆听。对方在介绍情况时，要认真聆听。为了表示已经听懂并感兴趣，可以在适当的时候点头或适当提问、答话。回答主试者的问题，声音要适度，答话要简练、完整。一般情况下不要打断主试人的问话或抢问、抢答，否则会给人急躁、鲁莽、不礼貌的印象。问话完毕，听不懂时可要求重复。当不能回答某一问题时，应如实告诉主试人。对重复的问题也要有耐心，不要表现出不耐烦。在整个面试过程中，要保持举止文雅大方，谈吐谦虚谨慎，态度积极热情。谈话时，眼睛平视，面带微笑，眼睛要适时地注意对方，不要东张西望。

2. 着装

面试时，合乎自身形象的着装会给人以干净利落、有专业精神的印象，男生应显得干练大方，女生应显得庄重俏丽。男生应穿上整洁的服装，自然得体，不必过分刻意打扮。要将胡须剃干净，指甲应在面试前一天剪整齐。女生前往面试应穿得整洁、明亮，给人一个好的初步印象。女式套装的花样可谓层出不穷，每个人可根据自己的喜好来选择，但原则是必须与准上班族的身份相符，颜色鲜艳的服饰会使人显得活泼、有朝气，素色稳重的套装会使人显得大方干练。参加面试的女生可以适当地化点淡妆，但不能浓妆艳抹。

3. 面试结束时的礼仪

面试结束时，应询问“您还有什么要问的吗?”得到允许后应微笑起立，道谢并说“再见”。与面试官最好以握手的方式道别，离开面试室时，应该把刚才坐的椅子扶正到刚进门时的位置，再次致谢后出门。

阅读思考

思考1:一个电话丢了一份工作

几天前，我向一家寿险公司投了简历，应聘职位是客户服务人员，基本工资每月1 500元，上五险一金，对于我这样的高职大学生来说，我觉得非常满意。面试时，对方问了几个简单问题后，微笑着对我说:“你的条件非常适合这项工作，公司会尽快通知你参加复试。”回到学校，我正在吃饭的时候，突然手机响了。“喂，谁啊?”我放下筷子开口问道。“您好，请问是刘某吗?”电话的另一端传来了一阵温柔的声音。“你打错了!”我没好气地回答。“那您是谁呢?”我心想，真是太讨厌了，打错了还纠缠不休，我于是生气地说:“我姓王，你这人是不是有毛病呀，明知打错了还问!”“噢，是王某吗? 对不起，我打错了。”

三天后，那家寿险公司还没有通知我去复试，于是我打电话过去询问。对方说:“我们已经通过电话面试过你了，你已经被淘汰了。客户服务代表要善于倾听，有耐心、有礼貌，这样才能和客户进一步交流，为客户更好地服务。”这时，我才如梦初醒，怪不得人家知道我的名字呢! 就这样，一次再简单不过的面试，我却以失败告终。

思考2:巧妙解决薪资问题

某单位招聘人员对求职者张某各个方面均感到满意，想聘张某到本单位工作，双方的话题转移到了薪资方面。张某是怎样和招聘人员进行薪资谈判的呢?

招聘人员:“你希望薪水是多少”?

张某:“我希望能有1 500元的月薪,我有能力享受这样的待遇”。

招聘人员:“可是根据你的情况,你目前还没有工作经历,我们单位一般在试用期间,高职生的月薪只有800元。转正定岗后,在1 200元左右。单位按员工能力高低,月薪在1 200元上下浮动,业绩突出者年底有奖励。你提出的要求,目前我们很难达到”。

张某:“那当然啦。我说的数字也是定岗后的薪资数,如果贵公司确实是按劳、按能计酬,我也会同意的”。

招聘人员:“那好,就这样谈定了,你的意思怎样”?

张某:“好吧,就1 200元一个月好啦”。

活动感悟

模拟面试和个人形象设计

1. 实训活动目标

通过个人形象设计实训,做好求职择业参加面试、招聘会的准备工作。

2. 实训活动的内容

求职礼仪规范设计;

参加面试的个人形象设计;

模拟面试训练。

3. 实训活动方法

采用求职角色扮演、模拟面试演练,对参加练习的高职生进行观察评价和交流研讨。每一个人上台展示和模拟面试,回答问题的时间控制在5~10分钟。

4. 实训活动步骤

(1) 课前准备

教师提前布置实训内容,将学生分成若干小组,每组5~8人,并向每位同学下发一份个人形象设计评价表,如下图所示。图中,1~7项最高分为3分,最低分为0分,第8项为总评分。课前每位同学以参加模拟面试为课题,从着装、发型、坐姿、面谈等方面对自己进行形象设计,并准备在实训活动中现场演练。

个人形象设计评价表参考

评审日期：　　　　　　　　　　　　　　　　　　　　　　　　评审人：

姓名	站姿	走姿	坐姿	态度	化妆	发型	服饰	总评	最佳点	不足点	备注
	1	2	3	4	5	6	7	8			

（2）模拟面试现场布置

以教室讲台为中心，布置场地和演练区。每位同学抽签并按照抽签顺序分别进行自我演示。台下同学以小组为单位，对演示者进行评审打分。模拟面试现场设计参考如下图所示。

模拟面试现场设计参考

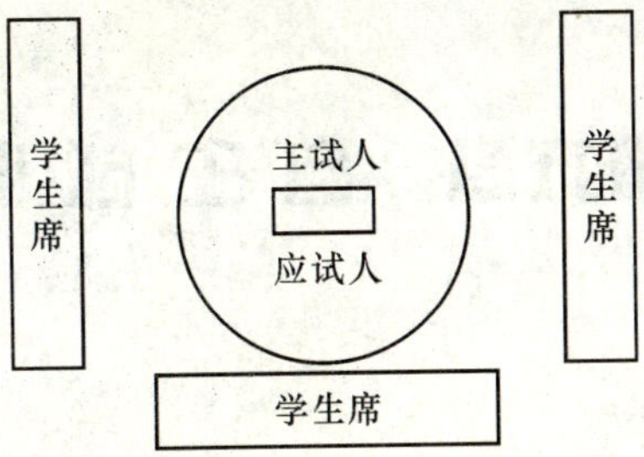

(3) 模拟面试现场演练

教师或一名学生扮演面试主试人，每组派出2～3个学生代表上台演示。演示包括站姿、坐姿、走姿和回答问题等行为举止，并认真做好记录。

演示者在教室门口站立等候，听到主试人指令后，步入讲台中间站立；向主试人问好；进行2分钟左右的自我介绍；转身面向同学选取两种以上坐姿坐在椅子上。然后，转身面向主试人回答其提出的问题。结束后，起立从教室另一侧下台。时间为5～10分钟。台下同学认真填写个人形象设计评价表，最终评选出5名最佳个人形象设计者。(教师提问时可参考本章资料参考：某企业主试人面试中提出的问题)。

(4) 交流研讨

学生以小组为单位，由组长负责，以正确行为举止为主题，讨论10分钟，并评选出最佳个人形象者。

(5) 教师总结点评。

第六章　自主创业

学习目标

1. 了解自主创业的概念及其构成要素
2. 明确创业主体必备的心理素质和能力要求
3. 明确自主创业的途径与方法
4. 掌握自主创业的实施步骤

篇首案例

大学生 CEO 选择自己创业

哈尔滨工程大学通信工程专业大三学生戴某还有 2 个月毕业，却已经为自己挣得了 30 万元，并在 30 万元年薪面前选择了自主创业。当别人正在为求职择业而发愁的时候，他在思考如何招募公司的员工。

戴某从小就对电脑有兴趣，中学就开始自己编写计算机程序。戴某说："那时候不知道什么是程序，纯粹是玩！"在玩中不停地研究，编写出不少杀病毒的程序。2000 年考入大学后，戴某已经对电脑陷入了痴迷的状态。"一般的学生都是玩游戏，大家都奇怪我天天弄电脑，但是却不玩游戏。"事实上，在两年多的时间里，他一直在忙着开发一种名叫 Discuz! 的软件。

“Discuz! 来自于 Discuss，是讨论的意思。这个软件是一个论坛的平台，名字后面的叹号表示我惊异于网络产业的巨大前景。”事实上，戴某并没有专业的软件知识，他的学习全部来自于网络。“网上的资料实在是太多了，并且这里有很多高手可以交流。”在玩的过程中，戴某发现编写程序是一件很愉快的事情，很多东西都能够迎刃而解。开始，他也没有想到要靠自己开发的“Discuz!”赚钱，只是把它挂在网上免费给网友们使用。因为是免费使用，很快就有 800 多位用户，这些用户不断地给他提出软件的问题，他每次都不厌其烦地解答，包括修改程序。

一天，一个香港客户在试用过 Discuz! 后，觉得使用它非常方便，并且很有前途，就主动给戴某邮寄了 3 000 元钱，要求为他提供更好的服务。“技术可以从无形资本转变为货币资本。说真的，感觉非常好。”为了升级 Discuz!，戴某又开始了新一轮的钻研。“我自己思考了很久，又请教了一些网友，决定实行软件的授权和服务。”2003 年 2 月起，他把 Discuz! 的升级版本挂到网上，为客户提供相关服务。Discuz! 的收费用户不断增加，收入也逐渐增加，到 2003 年年底，戴某已赚到了 30 万元。

2004 年戴某大学毕业，对于未来出现了新的选择：要么是就业，要么是创业。父母希望他能找个好工作开始新的生活。“事实上，已经有公司主动联系过我了，开出的年薪是 30 万元。”但是，戴某决定自主创业。“很多人都告诉我 Discuz! 的发展会遇到‘瓶颈’，但是我想我做的事情其实就是解决困难。很多东西的发展都会存在‘瓶颈’，存在风险，我相信自己一定会努力解决。”对于创业的资金问题，戴某也有自己的考虑，“我现在手里已经有 30 多万元，流动资金应该够了，我还有技术，可以通过技术评估来计算成本。”在填写了 20 多份表格盖了 50 多个章后，经过北京市科委的审批，戴某的公司被确定为高新技术企业，经过北京市通信管理局的审核可从事经营性互联网业务(ICP)。于是，他领到了“北京康盛世纪科技有限公司”的营业执照，公司注册在中关村，资本 50 万元。对于未来，戴某只说了 4 个字“决不回头。”2004 年的春天，在北京的中关村又多了一个年轻的创业者。

交流研讨

戴某从钻研电脑到创业的成功给了我们什么启示？

点评分析

戴某从钻研电脑到创业的成功很有典型意义。它告诉我们，高职大学生在自主创业时应选择既适合自己又符合市场需求的创业项目。一般来说，高职大学生创业应立足于技术项目，尽量选择技术含量高、自主知识产权明确的项目，并在技术创新的基础上做好产品市场化工作，这是大学生创业的核心竞争力所在。高职大学生创业有一定的风险，在做出选择前必须有能够承担风险的心理准备和化解风险的能力。自主创业不可能一蹴而就，需要在具备一定知识、能力等综合素质的基础上，摘取成功的果实。在自主创业时，应正确地权衡自己的条件，分析市场态势，做出明智的选择。有条件的高职大学生可以大胆地自主创业，创立经济实体，艰苦奋斗，为社会作出应有的贡献，从而实现自己的人生价值。

第一节　创业及其心理素质和能力要求

创业有广义和狭义之分。广义的创业是指开创事业，包括在各种不同领域的工作岗位上干出一番事业。狭义的创业主要是指在经济领域中，创业者通过发现和识别商业机会，组织各种资源，为社会提供产品和服务，创造社会价值的过程。这里所说的自主创业，主要是指狭义的创业。

一、高职大学生自主创业及其构成要素

1. 自主创业的内涵

自主创业，是指利用自己所掌握的知识和技术、具备的才能，以自筹资金、技术入股、寻求合作等方式创立新的就业岗位。高职大学生与社会力量、家庭、同学等合作创造属于自己的产业，不仅是一种可能，而且国家是鼓励的。国家为高校毕业生自主创业创造了一定的有利条件。信息产业的发展，使人们获取市场信息的渠道更加快捷便易。技术的日新月异、市场的飞速变化、人们生活节奏与方式变化的加剧，使高职大学生的创业机会增多。

高职大学生运用所学知识创业，不但可以解决自己的就业问题，而且可

以为他人创造就业机会，拓宽就业渠道，有利于个人发展和国家的经济发展。国家就业政策鼓励高职大学生自主创业，为社会提供新的就业岗位。中国需要一批大学生，用自己的热情和智慧去带动一个产业的发展。在北京名校云集的海淀区，由大学生创办的民营经济实体有些已经形成了一定的规模，并为社会提供了一定的就业机会，给国家增加了社会财富。从择业到创业是高校毕业生就业观念的一个重大转变。有的人在求职择业的过程中，由于各种原因暂时难以找到合适的职业岗位。这时，需要树立自强自立、艰苦创业的就业观念，积极进取自谋职业。例如，开设个体工商户、创办私营企业，利用所学专业知识和技术创一番事业，从而走上自愿组织起来创业的道路。这种就业方式需要通过自己的主观努力，开创就业岗位和经济实体。在创业过程中，可能会遇到很多困难，但不要怕失败。失败了从头再来，遇到机会、积极争取。天下无难事，功到自然成。

2. 自主创业的构成要素

（1）创业主体

创业主体包括个人或者团队。创业者可以自主创业，但有时团队创业十分重要。不同的团队成员，扮演着不同的角色并分担相应的责任，共同承担风险，对创业的成功具有重要意义。创业的成功与失败，一个好的创意能否实现其价值，资源能否得到有效利用，往往取决于创业主体的素质和经验。

（2）商业机会

商业机会是创业主体进行创业的重要驱动力，其特点是具有可利用性、永恒性和适时性。可利用性，即商业机会对于创业主体具有可利用的价值，利用它可以为社会和自身谋取利益。永恒性，主要是指在社会主义市场经济的条件下商业机会永远存在，环境的变化、经济转型、市场机制的不完善、市场空白等都孕育着一定的商机，关键是看能否发现和识别。适时性，即机会具有时间性，一个商业机会转瞬即逝，如不及时抓住就可能错过。及时发现、识别并抓住有价值的创业机会是成功创业的第一步。

（3）组织管理

创业活动是在组织之中进行的，其功能主要是高水平的组织管理。离开了组织管理，创业活动就无法协调，创业的资源就无法整合利用并保持一定的竞争地位。

(4) 资源利用

资源包括有形资产人、财、物和无形资产品牌、专利、声誉等，创业主体应善于吸引这些投资并将其转化为市场需要的产品和服务，实现商业机会的价值。在创业初期，创业主体拥有的资源有限，应善于利用外部资源以节省成本，加快创业的发展速度，提高创业的成功率。

创业的过程主要是上述创业主体等各构成要素相互作用、相互匹配，以创造社会价值的动态过程。创业主体往往从发现、识别商业机会开始，进而利用商业机会并将其转化为社会价值。创业主体的创业动机尽管不一致，但共同的特征是将商业机会转化为社会需要的产品和服务。

二、高职大学生自主创业的主要类型

1. 技术创业

技术创业，是指创业者在某专业领域，具有一定的技术成果或技术特长，充分利用其技术专长开发产品、自主创业。

2. 利用技术创业

利用技术创业，是指创业者具有一定的管理知识，充分利用管理知识，采用新技术，通过管理创新或利用他人的技术自主创业。

3. 利用创新思想创业

利用创新思想创业，是指创业者在企业运作、营销策略等方面具有新颖的想法，并能带来经营上成功的自主创业。创业环境的改善，使得从就业到创业、从投入到回报所花费的时间缩短。融资渠道的增多，国家政策的扶持，使得某些领域特别是高新技术企业的创业增加，创业行为将更加普遍。创业者在形成了基于市场需求的创业构思后，往往寻求技术掌握者或管理者的合作而形成创业团队，这一方式更多地适用于高职毕业生在高新技术产业领域的创业活动。

三、创业应具备的心理素质和能力要求

1. 创业主体应具备的心理素质

(1) 创业意识

创业意识，即在创业实践活动中对人起动力作用的个体倾向，包括需

要、动机、兴趣、思想、信念等心理成分。在创业意识的支配下，人的创业动机、理想、信念可以转化为一种精神力量。在这种精神力量的支配下，相信自己有能力开创未来的事业，凭借自己的努力和奋斗，增强自己的能力，通过创业实践，创建事业基础，这种创业意识、创业精神是创业者应具备的重要心理素质。

(2) 创业心理品质

创业心理品质主要包括信心、胆识、恒心和诚心等要素。信心，即创业主体对自己创业实践活动的愿望和计划，预测一定能够实现的一种精神力量。胆识，即创业主体应具备敢于行动、敢冒风险、敢于决断的魄力和能够承受失败和挫折的良好心理素质。创业需要承担一定风险，从一定意义上说，成功与风险并存，承担的风险越大，取得创业成功的可能性越大，需要承受的心理负担也就越重。当然，这种胆识是建立在科学决策的基础之上，而不是盲目地蛮干。恒心，即创业主体在创业实践中应树立持之以恒的信念。面对困难必须具有不达目的不罢休的恒心，缺乏恒心往往会半途而废。诚心，即具有以诚待人的良好心理品质，努力营造一个和谐的创业氛围，从而取得创业的成功。

2. 创业的能力要求

(1) 专业技术能力

专业技术能力是一种最基本的创业能力。创业者只有掌握了某一专业技术能力，才能对症下药，采取适当的经营管理方法从事创业活动并取得成功。

(2) 经营管理能力

高职大学生创业一般先是创办小企业。小企业要生存发展，创业者必须具有良好的经营管理能力。如何利用现有的人、财、物，通过管理赚取最大的效益，调动每一位雇员的积极性，使自己的产品或服务项目被社会认可，受用户欢迎等，都需要通过创业者良好的经营管理来实现。

(3) 综合性能力

在创业活动中，综合性能力是一种较高层次的能力，主要包括把握机遇的能力、信息的获取加工处理能力、公关能力、创新能力等。这些特殊能力一旦与经营管理能力相结合，就会从整体上全方位地影响和作用于创业实践活动，使创业实践活动获得成功。

创业是一项复杂的系统工程，它要求创业者随时解决涉及方方面面的各种问题。因此，创业主体应注意培养自己敏锐的洞察力，树立起自信心，克服自卑，加强意志品质锻炼。克服急躁情绪，善于运用自己的专业特长，促进创业能力的提高，培养协调共处的合作和善于用人的能力，在创业实践中求生存，求发展，并为社会的发展作出应有的贡献。

阅读思考

思考1:机遇总是垂青有准备的人

赵某是宁夏大学2000级计算机专业毕业生。大学期间，他就发现在计算机技术普及过程中有很大的市场空间。赵某即将毕业时，参加了学校举办的大学生创业培训班。在培训班上，他的创业计划书得到培训工作人员的支持。他最初计划毕业后回到盐池老家开一家网吧，但培训人员支持他回盐池做网吧的同时，把计算机培训也做起来，这样创业市场将更加宽广。经过沟通，赵某得到了父母的大力支持。毕业返家后，父母为他购置了近20台电脑。赵某利用自己的专业建立了网吧和计算机培训中心，兼做计算机维修及配件，赵某实现了自己创业的梦想。赵某认为创业是艰难的，大学生创业仅仅有创业热情是不够的，还要有自由翱翔商场的经验和能力，具备勤奋、积极、乐观等心理素质和吃苦准备。他认为，大学生在走向社会时，最好能使所学的专业和未来的职业最大限度地保持一致。

唐某的创业则是苦涩的。他参加大学生创业培训的选题是在固原市建立牛奶配送中心。他认为，随着脱贫致富步伐的加快，固原人生活水平的提高，牛奶产业这项“健康产业”必将在当地有很大的市场，而目前这在当地几乎是个空白。在培训班上，唐某的创业计划也得到了培训工作人员的肯定和支持。创业计划经过培训人员完善后，关键性的问题出现了。资金在哪里？按创业计划计算，这个项目需要4万元的投入，而出身农村的唐某没有这些资金。为此，他在宁夏劳动就业局的支持下，跑了许多单位，也和企业进行了直接沟通，但最终因资金问题让他选择了放弃。

牛某是宁夏大学的一名学生，家庭很贫困，甚至没钱交学费。从大一开始他就通过代销随身听、电话卡、服装等学生常用物品赚生活费，甚至利用假期到西安等城市进货。这些经历都提高了他的谋生能力。但是在他毕业想创业时他也放弃了，“启动资金不足正成为制约大学生创业的‘瓶颈’。”他去深圳前对记者这样说。项目可行性是创业计划的另一“瓶颈”。在我区第一期大学生创业培训班上，大学生踊跃报名，“我想办一个信息网站”、“我想做教育产业”、“我要搞手机美容”等创业想法非常多。然而，大多数想创业者仅构思了一个大概的创业方向，不能拿出切实可行的创业计划，就是拿出计划的大多也可行性差。大学生创业要从低处着手，‘一创业就是大项目’是个误区。”

思考2:杨某的选择

杨某是某高职学院商务英语专业一名毕业生。她思想活跃、爱好广泛，英语口语也不错。看着身边的同学都喜欢网上购物，享受网上购物的方便快捷，她有了自己的一点想法：我亲戚家里就在做化妆品和小饰物，我怎么不能尝试一下在网上开个店呢？想到就做，她利用暑假用数码相机把亲戚家里的化妆品和小饰物拍成照片，放到了淘宝网和易趣上。由于她的商品价格廉、质量好，很快吸引了许多买家。经过一个多月下来，虽然并没有赚到多少钱，但网上开店低廉的成本深深地吸引了她。

暑假结束后，杨某返校读书，把店铺交给亲戚管理。大家都有点不理解，干得好好的，怎么忽然就不管了呢？不为别的，只因为杨某有了更高的追求。原来，这段时间经过“商场实战”，她发现自己的商务知识比较欠缺，关于商务往来中的各项事宜都不甚了解，尤其是财会知识，而且英语的应用能力不强，遇到一些英文网站和英文订单，处理起来就觉得挺吃力。杨某在那时就想到，要想把小利变成大利就必须得充实自己。于是，她回到学校，继续踏实认真地学习，希望自己厚积而薄发，能飞得更高、更远。

毕业时，她没有马上回到自己的网上店铺。而是选择了一家贸易公司，做了一年多的电子商务才离开。从此开始了自己又一次更高起点的创业。

第二节 自主创业环境和条件分析

高职大学生在自主创业之前必须做好各种准备工作，准备越充分创业成功的可能性就越大。创业准备的主要内容是分析创业环境，培养创业能力，形成创业构思。

一、创业环境分析

创业活动是在一定环境所提供的各种条件下进行的。离开创业环境，一切创业活动便无从谈起。正确地认识、适应、利用和改造环境是创业活动的前提条件，很多成功的创业者就是通过对创业环境的认识、适应、利用和改造来实现的。无论是从事个体经营，还是创办私营企业，都必然处于国家的一个大环境中进行经营。因此，创业主体必须对社会大环境，如目前我国的经济状况，国家针对这一经济状况采取的一些扩大内需、刺激消费的措施和政策取向，对高校毕业生自主创业的一些优惠政策等，有一个整体的把握。

1. 宏观环境分析

宏观环境，即社会文化环境、经济环境、政治环境、法律环境、技术环境和自然环境等因素的总和。文化环境，即社会的文化风貌，如价值观、价值标准、风俗习惯、生活方式、消费心理等因素，这些因素对创业活动会产生很大影响。经济环境，即国家或地区经济发展总体水平、收入分布状况和生活水平、人员状况、经济结构和产业结构、利率、汇率、生产原料和能源供应状况等因素。高职大学生在创业的过程中，对国内市场体系的发育状况和国家产业政策等经济环境的分析十分重要。国家宏观经济的状况和发展趋势常常是创业主体在创业过程中的重要依据。对这一因素进行认真分析，可以准确地预测将来的发展趋势，以便调整创业战略。例如，国家政策限制发展房地产时，如果欲在此领域内发展则必然会遇到种种制约因素，从而增加创业者的经营成本，致使其创业失败。政治环境，主要指国家的政治、管理体制的变化因素，它对创业活动往往产生巨大影响。政局稳定会促进经济繁荣；反之，则阻碍经济发展。法律环境，即国家有关经济、环保、广告、消费者保护、食品卫生、产品质量、商标、专利、劳动保障等法律保障因素。国家通过法律、法规、政策给创业者提供更多的机会。但是,有些政策也会给创业者带来风险。例如,产业倾斜政策、宏观调控政策、资金紧缩政策等均可能给创业者带来一定风险。技术环境,即技术发展动态,竞争对手应用技术的情况、国家的技术投资重点和倾斜政策、专利保护、技术转移及商品化速度、技术创新及因此带来的经济效益等因素。自然环境,即从事个体经营或创办企业所处的地理位置、气候条件、资源情况、自然灾害等因素。

2. 微观环境分析

微观环境,即创业主体在创业活动中所面临的企业竞争环境、市场需求状况和产品价格及其生命周期的状况等。对企业竞争环境的分析,即对竞争对手的实力、竞争能力、企业规模、技术水平、技术装备、市场占有率等状况进行分析,以便发现自己的创业机会,从而制定切实可行的创业战略。对市场需求环境的分析,主要是研究创办企业的总体市场和各细分市场在需求上的特点,从现有的市场需求信息中归纳出发展趋势,以便为创业做出决策。例如,随着购买力的提高,人们的需求层次将由注重吃的消费,向注重穿、住、用等方面的消费发展,这些都是创业者应把握的微观创业环境因素。对产品价格和生命周期进行分析也十分重要。任何产品从开始试制、投入市场,到被市场淘汰,都有个产生、发展到消亡的过程,这个过程称为产品的生命周期。忽视对产品生命周期的分析,有时会给自主创业带来致命的打击。

二、创业主体和创业机会分析

1. 创业主体条件分析

创业主体条件分析,主要包括个人条件、团队条件和社会关系的情况分析。个人条件包括创业者专业知识、管理知识、商业知识、法律知识等知识结构状况,个人性格和心理承受能力等人格特点,学习能力、协调能力、交往能力、洞察力和决断能力等应用能力状况。人的性格丰富多样。性格可以主导人生,人也可以改变性格。经验证明,具有较强的自信心和创造精神,诚实谦虚、脚踏实地做实事;善于克制和忍耐、情绪稳定、有责任感和积极的态度;喜欢迎接挑战、承担风险的人适合自主创业。有些性格特征不适合创业,如缺少职业意识、傲慢、僵化死板、感情用事、固执己见等个性特征,往往不利于自主创业。

团队条件，主要是指团队成员能否团结合作和优势互补。团结合作、优势互补的团队是自主创业的基础。自主创业“开头难”，靠一个人的力量很难有效地处理各类复杂的情况。组建创业团队则能有效地进行技术创新与经济管理的互补，保证创业团队形成最大的合力，在市场竞争中取胜。一旦确定创业，要根据自己的优点、劣势，寻找和自己有共同意向，同时能互补的合作伙伴。有效的社会关系是自主创业的保障之一。创业初期往往需要得到各方面的帮助才能发展。创业主体需要在社会关系中调动一切有利的因素，包括“天时、地利、人和”等因素。

2. 创业机会分析

创业机会分析，主要是指进行市场调查和风险分析，包括创业经营选项的顾客情况、市场容量和发展趋势，竞争对手的优势分析等。认清自己选项的目标市场，以便为特定的目标市场提供专门的服务。应选择自己有经验、比较喜爱、有发展前途的项目。如果所选择的项目本身效益不佳，就需要重新研究确定想进入的行业。同时，必须预测风险有多大。风险来自各个方面，有市场风险、计划执行中的风险等，应根据不同风险制定出不同实施方案。

自主创业需要在商业机会中产生。自主创业难，关键是能否发掘创业机会。那么，机会在哪儿？可以说，创业机会无时不有，无处不在。发掘创业机会，需要创业者具备敏锐的观察力，形成创意构想。根据一些高职大学生成功创业的经验，发掘创业机会主要是通过分析环境的变化、新知识的产生等来实现。变化就是机会。环境的变化，包括产业结构的变化、科技进步、通信革新、政府放松管制、经济信息化、价值观与生活形态变化、人口结构变化等。会给各行各业带来良机，人们透过这些变化，就会发现新的前景。例如，单亲家庭快速增加、妇女就业的风潮、社会老年化、教育程度的变化，人们对于饮食需求认知的改变，健康食品市场等新兴行业的出现。必然提供许多新的创业机会。通过分析矛盾现象、产业与市场结构变迁的趋势、新知识的产生也能够发掘创业机会。例如，金融机构提供的服务与产品大多只针对专业投资大户，但占有市场七成资金的一般投资大众未受到应有的重视。这样的矛盾，显示提供一般大众投资服务的产品市场必将极具潜力。在国营事业民营化与公共部门产业开放市场自由竞争的趋势中，可以在交通、电信、能源产业中发掘创业机会。

三、创办个人独资企业与合伙企业的法律规定

1. 创办个人独资企业的法律规定

个人独资企业，即依照《中华人民共和国个人独资企业法》在中国境内设立的，由一个自然人投资，财产为投资个人所有，投资人以其个人财产对企业债务承担无限责任的经济实体。

个人独资企业必须有合法的名称，固定的生产经营场所，必要的生产经营条件和从业人员，经工商行政管理部门登记取得经营主体资格。其财产为投资人个人所有，它是由个人独立投资、独立经营、独立享受收益、承担风险，并依法承担无限责任的企业。

(1) 个人独资企业的设立

① 设立个人独资企业应具备的条件

投资人为一个自然人；有合法的企业名称；有投资人申报的出资，包括投资的出资额和出资方式；有固定的生产经营场所和必要的生产经营条件；有必要的从业人员。

② 申请登记

申请设立个人独资企业应当由投资人或其委托的代理人，向个人独资企业所在地的登记机关提交设立申请书、投资人身份证明、生产经营场所使用证明等文件。委托代理人申请设立登记时，应当出具投资人的委托书和代理人的合法证明。

登记机关应当在收到申请文件之日起15日内，对符合设立条件的，予以登记，发给营业执照；对不符合登记条件的，不予登记，并应当给予书面答复，说明理由。

个人独资企业营业执照的签发日期，为个人独资企业的成立日期。在领取个人独资企业营业执照前，投资人不得以个人独资企业名义从事经营活动。

个人独资企业存续期间登记事项发生变更的，应当在作出变更决定之日起的15日内依法向登记机关申请办理变更登记。

(2) 个人独资企业的事务管理

个人独资企业投资人可以自行管理企业事务，也可以委托或者聘用其他具有民事行为能力的人负责企业的事务管理。委托或者聘用他人管理个

人独资企业的事务，应当与受托人或者被聘用的人签订书面的合同，明确委托的具体内容和授予的权利范围。

(3) 个人独资企业投资人和个人独资企业的权利义务

① 个人独资企业享有的基本权利

名称专用权；自主经营权；申贷款权；取得土地使用权；订立合同权；制定价格权；人事劳动权；工业产权；拒绝摊派权；参加协会权等。

② 个人独资企业必须履行的义务

遵守国家法律、法规和政策的义务；依法缴纳税金和费用的义务；依法设置会计账簿，进行会计核算的义务；依法与职工签订劳动合同，保障职工的劳动安全，按时、足额发放职工工资的义务；按照国家规定参加社会保险，为职工缴纳社会保险费的义务；服从有关机关监督管理的义务等。

(4) 个人独资企业的解散和清算

个人独资企业有下列情形之一的，应当解散：

投资人决定解散；投资人死亡或者被宣告死亡，无继承人或者继承人决定放弃继承的；被依法吊销营业执照的；法律、行政法规规定的其他情形出现的。

个人独资企业解散，由投资人自行清算或者由债权人申请人民法院指定清算人进行清算。投资人自行清算的，应当在清算前 15 日内书面通知债权人，无法通知的，应当予以公告。债权人应当在接到通知之日起 30 日内，未接到通知的应在公告之日 60 日内，向投资人申报债权。

个人独资企业解散后，原投资人对个人独资企业存续期间的债务仍应承担偿还责任，但债权人在 5 年内未向债务人提出清偿请示的，该责任消灭。

(5) 个人独资企业违反规定应负的法律责任

① 违反《个人独资企业法》的规定，或者违法使用营业执照承担的法律责任

提交虚假文件或采取其他欺骗手段，取得了企业登记的，责令改正，处以 5 000 元以下的罚款；情节严重的，并处吊销营业执照。个人独资企业使用的名称与其在登记机关登记的名称不相符合的，责令限期改正，处以 2 000 元以下罚款。涂改、出租、转让营业执照的，责令限期改正，没收违法所得，处以 3 000 元以下的罚款，情节严重的，吊销营业执照。伪造营业执照的，责令停业，没收违法所得，处以 5 000 元以下的罚款，构成犯罪的，依法追究刑

事责任。未领营业执照，以个人独资企业名义从事经营活动，责令停止经营活动的，处以 3 000 元以下的罚款。个人独资企业成立后无正当理由超过 6 个月未开业的，或者开业后自行停业连续 6 个月以上的，吊销营业执照。个人独资企业登记事项发生变更时，未按《个人独资企业法》规定办理有关变更登记的，责令限期办理变更登记逾期不办理的，处以 2 000 元以下的罚款。登记机关对符合法定条件的申请不予登记或者超过法定时限不予答复的，当事人可依法申请行政复议或提起行政诉讼。

② 对个人独资企业、投资人以及投资人委托或者聘用的人员违法承担的法律责任

投资人委托或者聘用的人员管理个人独资企业事务时违反双方订立的合同，给投资人造成损害的，承担民事责任。投资人委托或者聘用的人员违反《个人独资企业法》规定侵占个人独资企业财产权益的，责令退还侵占的财产；给企业造成损失的，依法承担赔偿责任；有违法所得的，没收违法所得；构成犯罪的，依法追究刑事责任。个人独资企业违反《个人独资企业法》规定，侵犯职工合法权益，未保障职工劳动安全，不缴纳社会保险费用的，按照有关法律、行政法规予以处罚，并追究有关责任人员的责任。个人独资企业及投资人在清算前或清算期间隐匿或转移财产，逃避债务的，依法追回其财产。并按照有关规定予以处罚；构成犯罪的，依法追究刑事责任。投资人违反《个人独资企业法》规定，应当承担民事赔偿责任和缴纳罚款、罚金，其财不足以支付的，或者被判处没收财产的，应当先承担民事赔偿责任。

2. 创办合伙企业的法律规定

合伙企业，即依法在中国境内设立的由各合伙人订立合伙协议，共同出资、合伙经营、共享收益、共担风险，并对合伙企业债务承担无限连带责任的营利性组织。

合伙企业必须具有两个以上的合伙人，共同订立合伙协议。该协议依法由全体合伙人协商一致，以书面形式订立。合伙企业应有稳定的组织机构，有自己的名称，并经工商行政管理部门登记取得经营主体资格。合伙企业是一种共同经营体。其合伙人依法承担无限责任。

(1) 合伙企业的设立

① 设立合伙企业应具备的条件

有 2 个以上的合伙人，都是依法承担无限责任者；有书面合伙协议；有各

合伙人实际缴付的出资；有合伙企业的名称；有经营场所和从事合伙经营的必要条件。

② 合伙协议的内容

举办合伙企业必须订立书面合伙协议，应遵循自愿、平等、公平、诚实信用原则。合伙协议应载明下列事项：

合伙企业的名称和主要经营场所的地点；合伙目的和合伙企业的经营范围；合伙人的姓名及其住所；合伙人出资的方式、数额和缴付出资的期限；利润分配和亏损分担办法；合伙企业事务的执行；入伙与退伙；合伙企业的解散和清算；违约责任。合伙协议经全体合伙人签名、盖章后生效。合伙人按协议享受权利、承担义务。

③ 合伙企业的申请登记

设立合伙企业应当向当地工商行政管理机关申请，在申请登记时应提交下列文件：

全体合伙人签署的设立登记申请书；全体合伙人的身份证明；全体合伙人指定的代表或共同委托的代理人的委托书；合伙协议；出资权属证明；经营场所证明；国家工商行政管理部门规定提交的其他文件。

申请设立登记，应向企业登记机关提交有关文件。须审批的，应提交审批文件。企业登记机关应自收到申请登记文件之日起 30 日内，作出是否登记的决定。符合条件，予以登记，发给营业执照。

(2) 合伙企业的财产

合伙企业在存续期间，合伙人的出资和所有以合伙企业名义取得的收益，均为合伙企业的财产。该财产由全体合伙人依法共同管理和使用。

合伙企业存续期间，合伙人向合伙人以外的人转让其在合伙企业中的全部或者部分财产份额时，须经其他合伙人一致同意，合伙人之间转让在合伙企业中的全部或者部分财产时，应当通知其他合伙人。

(3) 入伙、退伙的规定

新的合伙人入伙时，应经全体合伙人同意，并依法订立书面入伙协议。新合伙人与原合伙人享有同等权利，承担同等责任。

凡符合法定条件的合伙人可以退伙。《合伙企业法》对退伙的条件作了严格规定。凡有下列情况之一的，合伙人可以退伙：

合伙协议约定的退伙事由出现的；经全体合伙人同意退伙的；发生合伙

人难于继续参加合伙事由的；其他合伙人严重违反合伙协议约定义务的。

合伙人有下列情形之一的，经其他合伙人一致同意，可以决议将其除名：

未履行出资义务；因故意或重大过失给合伙企业造成损失；执行合伙企业事务有不正当行为；合伙协议约定的其他事由。

对合伙人的除名决议应书面通知被除名人。被除名人自接到除名通知之日起，除名生效，被除名人退伙。

(4) 合伙企业的解散、清算

① 合伙企业解散的条件

合伙企业有以下情况之一的，应当解散：

合伙协议约定的经营期限届满，合伙人不愿继续经营的；合伙协议约定的解散事由出现；全体合伙人决定解散；合伙人已不具备法定人数；合伙协议约定的合伙目的已经实现或者无法实现；被依法吊销营业执照；出现法律、法规规定的合伙企业解散的其他原因。

② 合伙企业的清算

合伙企业解散应进行清算，清算人由全体合伙人担任。凡未能由全体合伙人担任清算人的，经全体合伙人过半数同意，可以自合伙企业解散后15日内指定一名或者数名合伙人，或者委托第三人担任清算人，如果15日内未确定清算人的，合伙人或者其他利害关系人可以申请人民法院指定清算人。

(5) 违反合伙企业设立、变更、清算的法律责任

① 违反合伙企业设立登记的法律责任

违反《合伙企业法》规定，提交虚假文件或者采取其他欺骗手段，取得企业登记的，责令改正，可处5 000元以下罚款；情节严重的，撤销企业登记；未依法领取营业执照，而以合伙名义从事经营活动的，责令停止经营活动，可处以5 000元以下的罚款；在合伙企业名称中使用“有限”或者“有限责任”字样的，责令限期改正，可以处以2 000元以下的罚款。

② 违反合伙企业变更应承担的法律责任

合伙企业登记事项发生变更时，未按《合伙企业法》规定办理有关变更登记的，责令限期登记；逾期不登记的，处以2 000元以下的罚款。

③ 对于违反清算规定应承担的法律责任

清算人未依照《合伙企业法》规定向企业登记机关报送清算报告，或者报送清算报告隐瞒重要事实，或者有重大遗漏的，责令改正；合伙人担任清

算人在执行清算事务时谋取非法收入或侵占合伙企业财产的，责令将该收和侵占的财产退还合伙企业；构成犯罪的，依法追究刑事责任；合伙人委托的清算人有上述行为的，责令将该收和侵占的财产退还合伙企业，并依法承担赔偿责任；构成犯罪的，依法追究刑事责任；清算人违反《合伙企业法》规定，隐匿、转移合伙企业财产，对资产负债表或财产清单作虚假记载，或者在未清偿债务前分配企业财产的，责令改正；损害债权人利益的，依法承担赔偿责任；构成犯罪的，依法追究刑事责任。

阅读思考

思考1：大学生创业现场——校园书屋

据《京华时报》报道，在中国传媒大学北校区第一食堂东门口可以看到该校2004届毕业生李某经营了一年的书屋。

自主创业机会要自己把握。大学毕业前，有一段时间李某找了家IT公司实习，感觉特别枯燥，自己不喜欢，有考研究生的想法，又不想向家里要钱，所以决定先解决生存问题再谋求发展。就个性而言，李某说他是向往自由的，于是就产生了自主创业的想法。经过一番考察，李某发现学校里缺少针对学生的打折书店，而且自己刚毕业，对于书的感情比较深，相对其他行业而言，开办书店入行也会比较快。当记者问及李某当时是否考虑到失败时，他笑着说："当时的心理是出奇的平静，什么也没想就做了。"开办书店首先要到工商局注册，然后到文化局办理文化经营许可证，还要到新闻出版署考取一个从业资格证，之后要拿着店面所在房屋的产权证和上述证件到工商局办理营业执照等，最后到国税、地税等部门办理相关事宜。李某投入成本2万～3万元，一年收益4万～5万元。

李某书店里的书即使是专业书一般也是打8～9折，有的社科类图书打到5折，这样的价格对于没有独立经济来源的学生来说具有一定的吸引力。开学几周是书店生意比较好的时候，平均一天能挣1 000元，淡季的时候也能赚上500元。2004年年底，李某就把开店借的钱都还上了，挣来的钱投入到书籍的更新上。开学后的几周，一个星期要进3次书，每星期都要投入6 000多元。李某开店的资金都是从老师和同学手里借来的，当时筹集了大约2万元的资金就把书店开起来了，租用学校的房间和场地。（根据《京华时报》2005年6月6日第B42版改编，摄影刘钢）

思考2:从摆摊擦鞋开始取得成功

大学毕业已经6年的罗某说:“不怕你笑话，我大学学的是市场营销专业，但现在干的却是擦鞋的工作。不过，我可不是大街上1元钱一双的擦鞋匠，今年我已经把自己的星级擦鞋店开到了成都高档的住宅小区里，每天送到我这里来的几十双鞋都是从国外进口的名牌皮鞋，我请了5个徒弟还忙不过来。”

(1) 机遇就在你身边

1997年我刚毕业时干过两个比较稳定的工作，一个是公司职员，另一个是信息台的工作，工资500元，比上不足比下有余。有一天我正准备外出，看到个摆摊的阿婆，我觉得她一把年纪了还在做擦鞋的体力活，生活肯定挺苦。我随口问了一句:“阿婆，您一个月能挣多少钱呀?”阿婆头也没抬地说:“1 000多元，勤快的话还可以多挣点。”我本来是抱着可怜老人家的心态，没想到她的收入比我高出一倍。看来，该可怜的人不是她而是我。回去后，我的心里就有了想法——开个上档次的擦鞋店。有了开店的想法后，我每天有空就上街观察擦鞋的人怎么工作，客源是什么样的人群，擦鞋者集中的地段，哪些客人是那些擦鞋匠没有想到或是不敢发掘的，并记在了小本子上。

擦鞋在很多人眼里都是一个很平凡的工作，我的父母当时一听我的想法，认为我是有毛病，大学毕业怎么会想到干这个。他们说，如果朋友亲戚问起我的工作，叫他们怎么张嘴?我觉得自己的想法没错，高档鞋的保养在当时是个空白，现在人们生活好了，有很多人的鞋都不便宜，他们不愿意交给不懂行的人来擦，这是个多大的市场呀，我为什么不从这里挖到人生的第一桶金呢?

(2) 从摆摊擦鞋开始“原始积累”

3个月后，我把工作辞了，埋头写了一个星期，拿出了一份详细的合作计划书，在地图上标出了高档的营业场所，开始寻找欣赏我的伯乐。当时成都人的意识里还是觉得擦鞋难登大雅之堂，擦鞋匠的存在只限于街边的小餐馆附近，富丽堂皇的大厅和擦鞋匠简直是不搭界。好几次，我刚走到大堂就被迎宾员“礼貌”地“请”了出来，身后还传来大堂小姐的嘲讽：“这个人烧昏了头吧，跑到这儿来找钱？”如果她们知道我是个大学毕业生，可能更会嘲笑我。一段时间里，我每天都去那家高档的茶楼，连续一个星期后，经理终于松口见我一面，他漫不经心地翻了一遍我的计划书，然后说：“小伙子，相信我吧，你就是走遍成都也不会有哪个经理愿意与你合作的。”这个经理没说错，我跑遍了成都有名气的宾馆、茶楼，还是一无所获。既然没有高档的场所愿意和我合作，我决定采取“曲线救国”的方式，从自己摆摊开始“原始积累”。

1998 年 3 月，我把寻呼机卖了，置备了一整套擦鞋工具，站在太升南路边上，响亮地吆喝起来：“擦鞋，5 元钱一次！”当时，周围看热闹的人以为自己的耳朵听错了，街边擦鞋行情是 1 元钱，只见有人降价，不见有人加价。每当有人问价，我就极为清晰地重复一遍，而且申明不擦价格便宜的鞋。一位 50 多岁的先生成了我的第一位客人，他要擦的是他脚上那双 800 多元的“老人头”。我先拿出硬质的小鞋刷，专门用于清洗鞋面和鞋底结口的沟缝，用水的多少也很有讲究，太多会影响鞋底黏合性，太少起不了清洁的作用。然后，喷进口的清洁剂，用软刷，动作轻柔，接下来是上油，油一定要均匀地抹在鞋面上，并且不断磨擦，要注意方向和力度。最后是抛光，用弱风将鞋烘干，整个过程要一气呵成，说起来容易，但我埋头干了半个小时。终于擦完了，那位先生拿过鞋仔细打量了一番，然后摸出 10 元钱递给我：“小伙子，你的劳动值得我花 10 元钱！”到今天，我一直珍藏着这 10 元钱，它带给我无比的信心和勇气。

(3) 你会对自己价值定位吗？

第一天练摊下来，我收入 85 元，比预想的情况好多了。几年来，这个数字不断上升，我完成了第一个 5 年计划，在成都购房安家。现在，我正朝着人生的第二个五年计划奔跑，扩大星级连锁店的规模。开这家店的时候，由于选址在租金较贵的高档住宅小区，我借了 5 万元钱，不过只用了 3 个月就全部还清了。去年我回校参加了一次同学聚会，大学好友们聚在一起，回忆起当年每一步所做的选择，都决定了后来的人生走向。我认为专业对口固然是最好的，不过如果善于动脑，即使暂时没有干上对口的工作，一样可以活学活用自己的专业知识，比如说我干的擦鞋和我原来所学的市场营销专业看上去一点不搭界，但是在擦鞋开店的过程中，我照样经常用到原来在学校所学的营销策略，比如说选择哪个地段摆摊开店，前期市场调查，研究顾客心理等知识。如果不是当年学了这些关于市场营销的专业知识，没准我也是个“一元擦一双”的普通擦鞋匠呢！我觉得大学生其实有点像个学校出产的产品，走向社会肯定有个适应过程，现在的学生都挺有主见的，如果把自己的价值定位好，朝着一个明确的目标循序渐进，终有一天会把自己的梦想变为现实。现在大学生一步到位找个特别满意的工作不太容易，最好还是先就业再创业，就像100层楼梯，调整好心态稳稳地走好了第一阶，一阶一阶地慢慢走，别想着一步就迈个50层，会累坏的。

有一天，我在一本杂志上看到这样一段话，觉得挺实在的。如果把人生比作是长跑，就业就是个起跑线，未必一开始跑在前面的人就一定能够成功，只要你耐心和不懈地努力，何必在乎起跑时这小小的一步呢？平凡是成功的基础，成功来自于平凡。

第三节　自主创业的实施步骤

改革开放以来，我国逐步建立了以公有制为主体，多种经济形式共同发展的经济体制。经过30余年的改革开放，非公有制经济在就业结构中已占有主渠道的地位。在全面建设小康社会，开创中国特色社会主义事业新局面的新时期新阶段，国家为高职大学生自主创业、开办私营企业提供了一个良好的环境。工商行政管理部门简化手续，提供高效服务，税务部门的减免税政策，都有利于个体、私营经济的发展。只要具备一定资金，选择好经营地点、经营项目，均可自谋职业与自主创业。

一、掌握有关政策

国家为了引导个体经营的健康发展，制定颁布了一系列的政策法规，鼓励高校毕业生自谋职业、自主创业。如果高职大学生自谋职业、自主创业走个体经营之路，则应首先认真地学习我国现行的有关个体经营的工商管理、税务登记、劳动保障、安全保险、金融信贷、商标注册、广告发布、行业管理、食品卫生等政策和法律法规。

根据《国务院办公厅关于做好2009年普通高等学校毕业生就业工作的通知》(国办发〔2009〕3号)的精神，国家鼓励和支持高校毕业生自主创业。鼓励高校积极开展创业教育和实践活动。对高校毕业生从事个体经营符合条件的，免收行政事业性收费，落实鼓励残疾人就业、下岗失业人员再就业以及中小企业、高新技术企业发展等现行税收优惠政策和创业经营场所安排等扶持政策。在当地公共就业服务机构登记失业的自主创业高校毕业生，自筹资金不足的，可申请不超过5万元的小额担保贷款；对合伙经营和组织起来就业的，可按规定适当扩大贷款规模；从事当地政府规定微利项目的，可按规定享受贴息扶持。有创业意愿的高校毕业生参加创业培训的，按规定给予职业培训补贴。强化高校毕业生创业指导服务，提供政策咨询、项目开发、创业培训、创业孵化、小额贷款、开业指导、跟踪辅导的"一条龙"服务。各地要建设完善一批投资小、见效快的大学生创业园和创业孵化基地，并给予相关政策扶持。鼓励支持高校毕业生通过多种形式灵活就业，并保障其合法权益，符合规定的，可享受社会保险补贴政策。

高职大学生申请个体工商户设立登记时，应当向登记机关出具普通高等学校颁发的《毕业证书》、个人身份证，以及省级高校毕业生就业工作主管部门签发的《全国普通高等学校本专科毕业生就业报到证》(以下简称《报到证》)；登记机关核实无误后，依法办理登记注册手续，并在《报到证》上注明登记注册时间、加盖登记机关印章后退回本人，在《个体工商户营业执照》经营者姓名后注明："(高校毕业生)"；高校毕业生凭《个体工商户营业执照》免交上述有关收费。各级工商机关应不折不扣地落实高职大学生从事个体经营有关收费优惠政策，大力支持、促进高校毕业生自谋职业、自主创业。从事个体经营，除了必须具备一定的资金外，场地、厂房、设备等也是重要的物质条件。如果需要设固定的摊位，占用公共场地，还必须符合城市规划和环境保护的要求，不得影响市容和妨碍交通，并事先经过有关主管部门的批准。

二、明确创业构思、选择经营项目

创业构思是创业活动的重要环节，它来源于创业主体在实践中对客观存在的观察和思考。媒体可以给创业者提供大量信息，很多创业者都是从媒体上获悉某种产品或服务是否具有较大的市场空间而开始筹备创业的。形成创业构思的重要方法是对市场进行调查研究，把握市场机遇。国家为了重点发展某一行业，可能会出台一些优惠政策。创业者可以利用这些优惠政策来进行创业构思，确定自主创业的方向。例如，我国为了大力发展高新技术产业，对创办高新技术企业的创业者给予税收等方面的优惠，很多创业者便开始构思创办高新技术企业。个体经营活动之所以得以生存，并得到很快的发展，是由于它们补充了公有制企业的不足。准备从事个体经营活动的高职大学生，应根据自己的专业特长和所在地区的实际情况，选择当地群众急需而又紧缺的行业，即大众需要而国有和集体企业尚未经营或经营不当的行业从事个体经营。个体经营活动优势是规模比较小，具有较强的灵活性和适应能力，形式多样、主动性强，能够根据市场变化及时调整生产经营品种和规模，随时转变经营项目，以适应市场的需要。但是，个体经营也有自己的劣势，如资金有限、专业技术人员少、规模效益差，产业化、系列化经营的起步时期一般比较困难等。高职大学生在自谋职业创业时，不仅要看到自己的优势，还必须认识到自己的劣势，并善于发挥优势，克服劣势，正确选择经营项目取长补短，以求个体经营的生存与发展。

三、筹措资金和注册登记

从事某种带有行业管理的经营项目，应具备该项目的技术知识和专业特长，并经过行业主管部门的批准。有些行业不仅需要到当地工商行政部门登记，还要到行业管理部门登记，如从事职业介绍工作需经劳动和社会保障部门批准；私人门诊行医，至少应达到中级医学技术水平，并持有国家教育卫生行政管理部门认可的证明等。有了相关部门的批准，工商行政管理部门才能接受申请开业。

1. 筹措资金

无论从事哪种个体经营，都需要有一定的资金。其中，包括配置固定资产的资金和流动资金。准备从事个体经营活动的人，应事先做一个预算，根据需要筹集资金。筹集资金的方式有三种：一是自筹资金，主要是自己的储蓄；二是向别人暂借，包括向亲戚、朋友、同乡、战友、同学等借助；三是向银行贷款。在着手筹资前，对于业主来说必须充分了解经营趋势预测资金需要量。例如,从事个体经营有哪些开支?有哪些资金来源?准确地估算开办一个企业所需资本。根据资金需要量的多少,合理选择筹资方式和渠道。如果向金融机构申请贷款,则需制定一套计划。其内容是:企业基本情况一览表,企业名称、服务性质和内容,企业人数等;企业的社会背景及财务现状与盈利预测;列出贷款的数量、要求和期限、利率;准备贷款需要的一些保证及担保资料和财产证明等。

2. 选择经营场所与注册登记

无论从事个体经营还是创办一个企业,开始阶段,选址定位对创业成功具有重要作用。从事固定地点办厂、开店或设摊,需要一定的场地或房屋,应根据生产和经营的具体要求,准备好营业用房或生产场地。依据房屋所有权的不同性质办理相应的手续,然后才能办理营业申请登记。对企业法人申请登记注册事项的核定,是工商行政管理部门进行企业法人登记注册程序中最重要的一个环节,是审查企业是否具备法人条件的关键所在。其意义是:企业法人登记注册一经核定,企业的权利能力和行为能力随之产生。经过核定的登记注册事项,是企业法人享受权利、承担义务的基本依据,也是工商行政管理机关对企业法人行使监督检查权的基础,企业在核定的范围内从事各种经营活动受法律保护。按规定,企业法人登记注册的主要事项是:企业法人名称、住所、经营场所、法定代表人、经济性质、经营范围、经营方式、注册资金、从业人数、经营期限、分支机构等。

3. 税务登记

税务登记是税务机关根据税法规定,对纳税人的生产经营活动进行登记管理的一项基本制度,是纳税人纳入税务机关监督管理的一项证明。根据《税收征管法》的有关规定,需办理税务登记的对象主要有两大类。一类是指从事生产经营的纳税人,这类纳税人一般需领取工商营业执照,自领取营业执照之日起30日内,持有关证件,向税务机关申报办理税务登记。另一类是指不从事生产经营的纳税人,但依照法律、行政法规规定负有纳税义务的单位和个人,除临时取得应税收或发生应税行为以及只缴纳个人所得税、车船使用税的外,也应按规定向税务机关办理税务登记。纳税人在办理工商经营执照的30日内,必须到主管税务机关办理税务登记。首先,由纳税人申请办理税务登记,填报《申请税务登记报告书》,并提供有关证件,包括营业执照、有关合同、章程、协议书、银行账号证明、居民身份证或者其他合法证件以及税务机关要求提供的有关证件和资料等。其次，是税务机关对纳税人填报的税务登记表、提供的证件和资料，进行审核。税务机关应当自收到之日起30日内审核完毕，符合规定的，予以登记，并发给税务登记证。税务登记是表明纳税人依法具有的纳税义务，并已向主管税务部门办理纳税登记手续的证明。纳税人在办理申请减税、免税、退税、领购发票、办理外出经营活动税收管理证明以及其他有关税务事项时，必须持有税务登记证件。税务机关对税务登记证件实行定期验证和换证制度。

思考1:创业领域分析

网络和电脑服务。网络服务的概念非常广泛，为企业提供网络化客户关系、自动化办公、营销等方面的管理服务，同时也为网上开店或利用网络的个人服务。IT服务市场规模较大，包括网络服务在内的IT服务，已成为IT领域中一块诱人的“蛋糕”，蕴藏着无限商机。适合人群：有一定IT专业背景的大学生。开业建议：首先要摸清网络服务的市场情况，寻找利润最大化的中间服务；其次是必须提供专业化服务与运做，尽量只做一项，以“精”取胜。电脑服务主要是提供技术支持和计算机产品的维修、维护等服务。电脑及配套用品都很“娇贵”，使用不当或是遭遇“病毒”，就会“罢工”。随着人们对电脑依赖性的加大，对电脑服务的需求也水涨船高。据了解，目前电脑救援公司大多针对企业用户，因此，开家面向个人用户的电脑诊所，应该是较好的创业方向。适合人群：专业技术人员。开业建议：技术功底必须扎实，硬件知识过硬，同时有丰富的实践经验，能帮助用户解决电脑使用过程中遇到的各种疑难杂症。

高科技领域。在大多数创业者看来，高科技领域高不可攀。其实不然，在市场细分的趋势下，高科技领域同样也存在着一些适合个人创业的缝隙。

(1) 手机游戏

2003年9月中国“移动百宝箱”收费，正式启动国内的手机游戏业。虽然手机游戏的用户数量暂时无法与网络游戏相比，但随着技术日益成熟、收费逐渐下调及用户对使用便利性要求的提高，发展空间巨大。手机游戏像网络游戏一样，正造就越来越多的“创业新贵”。适合人群：掌握相关技术的大学生和海归人士。开业建议：要想在手机游戏领域中淘金，除了要有过硬的技术和创新的思维，还需获得国际合作机会，特别是风险投资的支持，才能如虎添翼。

(2) 中医药研发

生物医药研发是高科技创业领域的“领头羊”，目前全国有超过500家相关企业，竞争较为激烈，市场空间相对狭窄。相比之下，中医药研发是个新兴领域，前景看好。适合人群：海归人士及医药界专业人士。开业建议：中药品种单一、质量管理不严、包装简单、说明书不规范等，使中草药的市场“印象分”大打折扣。对打算涉足这一领域的创业者来说，必须解决好规范生产和提高产品科技含量两大问题。

教育培训领域。据估计，全国居民教育消费额每年约2 500亿元。这一领域的创业空间巨大，但IT培训、英语培训领域已出现饱和迹象，创业者需要“脑筋急转弯”，寻找新的“自留地”。

(1) 幼儿教育

根据最新的关于城市儿童消费的调查，每个幼儿家庭为孩子教育投资平均每年超过3 000元。也就是说，每年在那些呱呱哭叫的婴幼儿的小手中，足足攥着300个亿的“真金白银”。适合人群：儿童教育专家或具有一定教育学背景的专业人士。开业建议：家长关心孩子的早期智力开发，更关注孩子的健康成长。因此，无论是开幼儿园，还是早教中心，日常管理特别是安全工作，可能比课程设置更加重要。

(2) 小语种培训

来自中华英才网的信息，市场对小语种人才的需求一直呈上升趋势，今年更是出现了30%～40%的增幅。与人才需求不相称的是，小语种培训市场却相当滞后，与英语培训市场的火爆行情形成鲜明对比。适合人群：有一定资金实力的创业者，特别是海归人士。开业建议：目前，国内小语种方面的师资十分有限，如想成为小语种培训的“专业户”，必须首先解决好这一问题，否则将“巧妇难为无米之炊”。

服务领域。服务业是传统的创业领域，在餐饮、旅游等领域，为成千上万的创业者实现“老板梦”提供了大量机会。传统零售的空间已十分有限，必须要抓住消费者的个性化需求。适合人群：有一定开店经验和独特经营理念的创业者。开业建议：个性化店铺要想成功，必须做深做透，吃准客户的个性化需求，并根据这种需求组织货源、包装商品和布置店铺。（摘编自2005年3月29日中国创业网）

思考2：创造个岗位去上班

某大学毕业生肖某顺利地领到了北京酷天电子乐器商行的营业执照，并因此成为北京市享受政府对应届高校毕业生从事个体经营优惠政策的一名大学毕业生。奔波在求职的路上，应该算是人生的一次煎熬。路上的人心里急，政府也急在心里。为鼓励和支持大学生自主创业，灵活就业，国家工商总局出台了普通高等学校毕业生从事个体经营有关收费的优惠政策：凡高校毕业生（含大学专科、大学本科、研究生）从事个体经营的，除国家限制的行业（包括建筑业、娱乐业、广告业、桑拿、按摩、网吧、氧吧等）外，自工商行政管理机关批准其经营之日起，一年内免交个体工商户登记注册费、个体工商户管理费、集贸市场管理费等费用。

据介绍，因为这些优惠政策，肖某可以免交个体工商户登记注册费23元，个体工商户管理费每月180～200元，估计全年可免交的费用约2 000元。肖某想，如果搞个体经营能挣来钱，免交的这些费用其实并不足以对大学生产生诱惑。但优惠政策传达出一个重要信号：面对大学生就业难，政府正试图引导他们重新认识和理解传统意义上关于“工作”的界定。失去工作或没有工作，对于个人或家庭来说，可能要算最严重的经济问题了。但是，可能是约定俗成，在我们的概念中，整天忙忙碌碌的农民从来就不算是有“工作”的人，而四处奔波的个体户也很少有人认为他们是在“工作”。好像只有那些吃国家饭的人，或者有“单位”的人，才算是有工作的人。应该说，这一观念过时了。肖某隐约意识到，将来所谓的“工作”，可能只包含以下几个有关联的要点：通过自己的正当劳动、获取一定的经济收入、维持有尊严的日常生活。至于工资是单位发的，还是自己发的，都是很次要的事了。基于这样一种认识，下面的推论也就理所当然：所谓的工作岗位，除了到处寻找以外，还可以自己创造。

政府对大学应届毕业生从事个体经营给予一定的优惠政策，正是为了鼓励他们创造工作岗位，自己安置自己。优惠政策是政府为安置他们所付出的成本，这就承认了大学应届毕业生从事个体经营也算是实现了一次性就业。

对大学应届毕业生从事个体经营实行优惠,其政策取向实际上不只着眼于解决就业问题,而是与对待非公有制经济的态度一脉相承的。个体经济在非公有制经济中占有相当大的比重,而要提高个体经济的知识和科技含量,渗入一定数量的知识型、科技型的经营者,既是势在必行,也可能是志在必得。

在劳务市场上,大学生虽然是最活跃、最有竞争力的群体,却无法摆脱这样一个规律:总有一些人很容易就能找到工作,也总有一些人没有工作。同时,这样一个现象也相伴而行:总有一些人不知不觉地就辞掉了工作,也总有一些人不愿意去工作。这两者之间有一个重叠的部分,那就是:总有一些人在忙忙碌碌地找工作。在大学生就业难成为共识的背景下,将大学应届毕业生从事个体经营纳入就业范畴来考虑,其实还包含着另一个重要的信号:创造岗位是一种了不起的才能,创造岗位的人也是了不起的人,哪怕他创造的岗位仅仅是为了接纳自己。

活动感悟

自主创业可行性的调查与分析

通过对自身的分析和调查研究写出自主创业可行性的分析报告,并填写下述创业条件和机会的分析表。

自身条件分析表

自身条件分析	罗列出主要的 4～5 点
心理素质	
创业能力	
核心竞争力	

创业环境分析表

客观条件分析	罗列出主要的 4～5 点
宏观环境	
微观环境	
创业机会	
资源分析	
风险分析	

第七章 就业权益与法律保障

学习目标

1. 了解高职毕业生求职择业中的权利
2. 了解就业协议订立的步骤与程序
3. 明确签订劳动合同的注意事项
4. 明确如何运用法律手段维护合法权益

篇首案例

“哑巴吃黄连”

某应届毕业生寒假在招聘会上找到了一份与他专业相符、自己又非常喜欢的工作。公司要求在正式毕业前先实习，由于公司所从事的是高新技术产业，故而要对新进员工进行岗前培训，公司为了防止人才和技术流失，要求每个参加培训的员工须签订《培训协议书》。协议中规定：培训为期一年，前六个月工资 500 元/月，后六个月 800 元/月；个人承担培训费用 5 000 元；培训合格后公司与之签订劳动合同，必须为公司服务 5 年，如违约则培训费全额扣除，且一年内不得从事与本行业相关的工作。明知该协议规定不合理，但该同学看在培训后从事的工作是自己非常喜欢的，而且在就业情况非常不景气的情况下每月还可以拿到 4 000 元的优厚薪酬上，还是签了约。意外的是，培训进行了两个月后，培训老师被另一公司以高薪挖走，培训中途停止，然而公司并不打算另聘培训老师。该生为此找到学校，问此协议是否有效，他想换工作要回培训费，但因协议已生效，该生只好“哑巴吃黄连，有苦说不出”。

交流研讨

该毕业生在求职择业过程中的经历说明了什么？

点评分析

有些高职毕业生在求职择业时，往往将注意力集中在找单位、做简历、面试等方面，而忽略了与之密切相关的就业制度、市场规范、法律法规，觉得这些政策法规和自己没有太大的关系，无关紧要。有些毕业生担心就业形势紧张，不全面考察用人单位的经营状况，不分析具体的合同细节就匆匆签约，结果导致上当受骗。近年来，随着毕业生人数逐年增加，高职大学生就业形势日益严峻，在就业过程中出现的问题也越来越多，其就业权益保护问题受到了普遍的关注。因此，高职大学生在求职就业过程中，熟悉国家的法律法规和就业政策，加强就业权益的自我保护是成功就业的保障。

第一节　就业协议的签订及其法律保障

一、毕业生求职择业中的权利

1. 平等就业与自主择业权

高职毕业生享有平等就业权与自主择业权。高职毕业生就业不因民族、种族、性别、宗教信仰不同而受歧视。女毕业生享有同男毕业生平等的就业权利。在录用职工时，除国家规定不适合女性的工种或岗位外，用人单位不能以性别为由拒绝录用女毕业生或提高女毕业生的录用标准。毕业生在选择职业的过程中，有选择或不选择某一职业的权利，也有选择这一职业或其他职业的权利。对于这种权利，任何单位或个人不得干涉。

2. 获取信息与公平待遇权

高职毕业生享有获取信息与公平待遇权。毕业生有权了解有关就业政策和信息，包括就业程序、时间安排、用人单位的需求信息等。有权了解就业管理机构的工作原则、纪律、过程等，有权了解用人单位的工作环境、劳动报酬和发展前景等各方面的情况。用人单位则有义务向毕业生和培养单位如实介绍本单位的情况，并提供有关资料。用人单位在录用毕业生的过程中，应公正、公平、一视同仁。

3. 违约求偿权

高职毕业生与用人单位签订协议后，任何一方不得擅自毁约。如果用人单位无故要求解约，毕业生可以行使违约求偿权，要求对方严格履行就业协议，否则用人单位应对毕业生承担违约责任，支付违约金，进行经济补偿。

二、就业协议

就业协议，是指毕业生、用人单位、学校三者之间权利与义务的书面表现形式。协议条款应该是协议主体之间权利与义务的明确无误的表示，对双方当事人来说皆具有约束力。毕业生如果被用人单位录用，毕业生（甲方），用人单位（乙方）和学校（丙方）三方应以法律文书的形式确定彼此之间的权利和义务。

1. 就业协议订立的原则

（1）主体合法原则

签订就业协议的当事人必须具备合法的主体资格。毕业生必须取得毕业资格，如果学生在派遣时未取得毕业资格，用人单位可以不予接收并无须承担法律责任。用人单位应有录用毕业生计划和自主权，否则毕业生可解除协议而无须承担违约责任。高职院校应根据用人单位的要求，如实介绍毕业生的在校表现，并将所掌握的用人单位的信息发布给毕业生。

（2）平等协商原则

就业协议的三方，即毕业生、学校和用人单位在签订就业协议时法律地位平等。一方不得将自己的意志强加给另一方。学校不得采用行政手段要求毕业生到指定单位就业（不包括有特殊情况的毕业生），用人单位亦不应在签订就业协议时要求毕业生缴纳过高数额的风险金、保证金等。三方当事人的权利义务应是一致的。除协议书规定内容外，三方如有其他约定事项可在协议书“备注”内容中加以补充确定。

2. 就业协议订立的步骤与程序

就业协议的签订一般要经过两个步骤，即要约和承诺。要约，是指用人单位向毕业生发出初步录用意向的意思表示。毕业生持学校统一印制的就业推荐表或复印件参加各地供需洽谈会(人才市场),进行双向选择,或向各用人单位寄发书面材料,应视为要约邀请,用人单位收到毕业生材料,对毕业生进行考察后,表示同意接收并将回执寄到高校毕业生就业管理部门或毕业生本人,即为要约。承诺,是指毕业生得到用人单位初步录用意向后作出的同意应聘的意思表示。毕业生收到用人单位回执或通过其他方式得到用人单位初步录用意向后,决定接受应聘,并到学校毕业生就业工作部门领取就业协议书,与用人单位签订协议,即为承诺。完成要约和承诺这两个步骤,就业协议就可以签订了,即可交回学校就业管理部门办理派遣相关手续。

就业协议的签订程序是:毕业生获得用人单位的书面接收函;毕业生到所在学校领取一式三份的《就业协议书》;毕业生与用人单位签署就业协议,并在就业协议上签名盖章,用人单位须在就业协议上注明可以接收毕业生档案的名称和地址,并由可接收毕业生档案的用人单位上级主管部门或人才盖章;毕业生到所在学校签署就业协议(签字盖章);学校签署完就业协议后,学校、用人单位、毕业生本人各执一份就业协议,毕业生本人把用人单位应持有的一份就业协议书转交用人单位。

3. 就业协议的解除

《就业协议书》的解除分为单方解除和双方解除。单方解除,包括单方擅自解除和单方依法或依协议解除。单方擅自解除协议属违约行为,解约方应对另一方承担违约责任。单方依法或依协议解除,是指一方解除就业协议有法律上或协议上的依据,如学生未取得毕业资格,用人单位有权单方解除就业协议,毕业生录取研究生后,可解除就业协议,或依协议规定,如毕业生未通过用人单位所在地组织的公务员考试,用人单位有权解除协议,此类单方解除,解除方无须对另一方承担法律责任。双方解除,是指毕业生、用人单位经协商一致,消灭原订立的协议,使协议不发生法律效力,并报告学校。此类解除双方均不承担法律责任,双方解除应在学校的就业计划上报主管部门之前进行,如就业派遣计划下达后双方解除,还须经就业主管部门批准办理调整改派手续。《就业协议书》一经毕业生、用人单位、学校签署即具有法律效力,任何一方不得擅自解除,否则违约方应向权利受损方支付协议条款所规定的违约金。

三、签订就业协议的注意事项

1. 全面了解用人单位

签协议前，毕业生要了解用人单位的相关情况，包括用人单位的规模、效益、管理制度、企业的发展趋势、企业招聘的岗位性质、企业的员工培养制度、待遇情况、福利项目等，要了解用人单位的人事状况以及该用人单位是否具有应届毕业生的接收权。国家机关、事业单位、国有企业一般都有人事接收权。民营企业、外贸企业则需要经过人事局或人才交流中心的审批才有招收权，协议书上应签署人事局或人才交流中心的意见才能生效。

2. 注意自身权益的保护

我国《劳动法》规定，用人单位不得以任何理由，向毕业生收取报名费、培训费、押金、保证金等。就业协议具有双向约定的作用。如果有双方需要相互承诺的部分，要在协议书或补充协议上加以说明。签订协议遇到疑问时，要及时咨询学校就业指导中心的老师，征求相关的意见和指导。毕业生和用人单位在签约前达成的收入、住房和保险等福利待遇，最好在就业协议书中写明。

思考1:“聪明反被聪明误”

高职大学生张某在毕业找工作时，先用学校发的协议书与甲单位签了约。之后，又找到了一家单位，张某对学校谎称协议书丢失，重新要了一份跟乙单位也签了约，并把与乙单位签的协议书拿到学校盖了章。在乙单位实习了一段时间后，该生又反悔想去甲单位。张某对乙单位谎称学校要其将协议书取回补办手续，并保证在限定时间之前一定办好，乙单位相信了他，将协议书给了张某。张某拿到协议书就到学校说跟乙单位解除协议，又重新找了家单位，要求学校在甲单位协议书上盖章。学校为谨慎起见，出面与乙单位联系，得知该生有不诚实的行为，对其做出严肃批评，并责令其向该单位道歉，请求谅解。张某不但不道歉，还以协议书不在乙单位手里，乙单位没有证据自居。乙单位一气之下，一个电话打给学校，状告该学生的行为太不像话，欺骗单位，又欺骗学校，道德品行败坏，希望学校给与严厉处分，否则将来影响学校的声誉。最后，该生落了个“身败名裂”的下场。

思考2：签了协议后若违约该怎么办？

学生违约：学校不支持违约行为，但特殊情况下，确实需要违约的，必须按照一定的程序办理，同时违约方应当承担违约责任，具体到违约责任如何承担，依据签订的《就业协议书》中的约定。一般来说，可按以下程序办理：(1)首先向已签约的用人单位提出违约申请。(2)经用人单位同意后，向用人单位承担违约责任。(3)持用人单位同意违约的信函和原签订的《就业协议书》到院、校就业部门申请，经院、校就业部门审核并同意后，领取新的《就业协议书》。

用人单位违约：毕业生与用人单位签约后，若由于不可抗力的原因导致用人单位单方面违约的，学生需通知学校，由学校和用人单位进行协商解决；如仍需违约的，学生持用人单位同意违约的信函和原签订的《就业协议书》到院、校就业部门申请，经院、校就业部门审核并同意后，领取新的《就业协议书》，并由学校继续推荐就业。

第二节　劳动合同的签订及其法律保障

一、劳动合同

1. 劳动合同的订立

我国《劳动法》规定，劳动合同应当以书面形式订立，即应采用书面协议。劳动合同的书面形式有主件、附件之分，劳动合同的主件即为劳动合同书；附件一般指劳动合同的补充协议，如岗位协议书、专项劳动协议、用人单位依法制定的内部劳动规则等。订立劳动合同，应当遵循平等自愿、协商一致的原则，不得违反法律、行政法规的规定。劳动合同的条款包括劳动合同的期限、工作内容、劳动保护和劳动条件、劳动报酬、劳动纪律、劳动合同的终止条件、违反劳动合同的责任等。劳动合同的期限包括固定期限、无固定期限和完成一定工作的期限。如果是有固定期限的劳动合同，则应约定期限是一年或几年。应届毕业生所遇到的劳动合同绝大多数是有固定期限的劳动合同。工作内容包括劳动者从事劳动的岗位、工作性质、工作范围以及劳动生产任务所要达到的效果、质量标准等。劳动保护和劳动条件，是指在劳动合同中约定的用人单位对劳动者所从事的劳动必须提供的生产、工作条件和劳动安全卫生保护措施。劳动报酬，是指用人单位根据劳动者的劳动岗位、技能及工作数量、质量，以货币形式支付给劳动者的工资，包括工资的数额、支付日期、支付地点以及其他社会保险待遇。劳动报酬的内容和标准不得低于国家法律、行政法规的规定，也不得低于集体合同的规定。劳动纪律，是指劳动者在劳动过程中必须遵守的劳动规则，它是劳动者的行为规范。劳动合同的劳动纪律包括国家法律、行政法规，用人单位内部制定的规定、纪律等，如上下班制度、工作制度、岗位纪律、奖惩的条件等。

2. 劳动合同的履行、变更、解除和终止

劳动合同的履行，是指劳动合同的双方当事人按照合同规定，履行各自承担义务的行为。依法订立的劳动合同具有法律约束力，当事人必须履行合同约定的义务，任何个人或第三方不得非法干涉劳动合同的履行。劳动合同的变更，是指双方当事人对尚未履行的合同，依照法律规定的条件和程序，对原劳动合同进行修改或增删的法律行为。劳动合同变更应遵循平等自愿、协商一致的原则，不得违反法律、行政法规的规定。任何一方不得擅自变更劳动合同，否则要承担相应的法律责任。劳动合同的变更一般是协议变更，双方当事人就变更的内容及条件进行协商，达成一致意见，应签订书面协议。提出变更劳动合同的一方，给对方造成经济损失的，应当承担赔偿责任。劳动合同的解除，是指劳动合同当事人在劳动合同期限届满之前依法提前终止劳动合同关系的法律行为。劳动合同的解除可分为协商解除、用人单位单方面解除、劳动者单方面解除。劳动合同的终止，是指符合法律规定或当事人约定的情形时，劳动合同的效力即行终止。劳动合同期满或者当事人约定的劳动合同终止条件出现，劳动合同即行终止。

3. 劳动合同与就业协议的区别

(1) 签订主体不同

就业协议书经毕业生和用人单位签字盖章即具有法律效力，学校签证后列入就业方案。劳动合同是毕业生与用人单位签订的协议，学校不是劳动合同的主体，也不是劳动合同的鉴证方。

（2）签订目的和内容不同

就业协议是对毕业生就业基本情况的认定，是确定学生工作意向、用人单位愿意接收、学校编制就业计划和负责毕业生派遣的依据。劳动合同是劳动者和用人单位明确劳动关系中权利和义务关系的协议。就业协议主要是毕业生和用人单位的工作约定。劳动合同是毕业生和用人单位的从事具体工作和享受何种待遇等权利和义务的约定，内容更为具体，劳动权利和义务更为明确。

（3）签订时间和时效不同

就业协议书签订在先，劳动合同签订在后（一般是学生到单位报到后）。如果毕业生与用人单位就工资待遇、住房等有事先约定，亦可在就业协议书备注条款中予以注明，日后订立劳动合同时对此内容应予认可。就业协议的效力始于签订之日，终于学生到工作岗位报到之时。就业协议的作用仅限于对学生就业过程的约定，一旦毕业生到用人单位报到，就业协议的使命也就完成了。就业协议不能替代劳动合同，不是确定劳动关系的凭证。毕业生到单位报到与单位签订劳动合同后，就业协议书同时失效。

二、《劳动合同法》关于试用期的规定

试用期是用人单位和劳动者为相互了解、选择而约定的考察期。试用期包含在劳动合同期限之内，是劳动合同期限的一部分。在试用期内，劳动者享有全部的劳动权利，包括取得劳动报酬权、休息休假权、获得劳动安全卫生保护权、接收职业技能培训权、享受社会保险和福利权、提请劳动争议处理权以及法律规定的其他劳动权利等。

（1）试用期限规定

《劳动合同法》规定，劳动合同期限 3 个月以上不满 1 年的，试用期不得超过 1 个月；劳动合同期限 1 年以上不满 3 年的，试用期不得超过 2 个月；3 年以上固定期限和无固定期限的劳动合同，试用期不得超过 6 个月。

（2）限制约定试用期的规定

《劳动合同法》规定，以完成一定工作任务为期限的劳动合同不得约定试用期；同一用人单位与同一劳动者只能约定一次试用期。

（3）试用期工资规定

劳动者在试用期的工资，不得低于本单位相同岗位最低档工资或者劳

动合同约定工资的80%，不得低于用人单位所在地的最低工资标准。《劳动合同法》规定的两个“不低于”原则，首先不得低于用人单位所在地的最低工资标准，这是试用期工资的底线，其次不得低于本单位相同岗位最低档工资或者劳动合同约定工资的80%，即如果本单位相同岗位最低档工资或者劳动合同约定工资的80%高于用人单位所在地的最低工资标准的，则两者取其高。因此，试用期不再是“白干期”或者“廉价期”。

(4) 试用期内缴纳社会保险的规定

试用期内不为员工缴纳社会保险费，这是很多用人单位的习惯性做法。劳动者由于法律知识的缺乏，也常常错误认为试用期内用人单位可以不缴纳社会保险费，从而导致自己的合法权益受到损害。根据法律规定，劳动关系一旦建立，用人单位就应当依法为劳动者缴纳社会保险。试用期并非独立于劳动关系外的“特殊期”，它包括在劳动合同期限内。因此，用人单位在试用期拒绝为劳动者办理社会保险的，劳动者可以向劳动社会保障部门投诉，造成劳动者损失的，用人单位应当承担赔偿责任。

(5) 试用期内的法律责任

三、签订劳动合同的注意事项

1. 了解劳动合同的必备条款和用人单位相关的规章制度

签订劳动合同时，要了解劳动合同的必备条款和用人单位相关的规章制度。个别用人单位可能会钻劳动合同的空子，有意在工作内容、劳动报酬、劳动保护和劳动条件等劳动合同的必备条件方面侵害劳动者的合法权益。劳动合同应以书面文书为基础，口头的承诺难以作为证据。在签订劳动合同时，不少单位可能会给毕业生一本员工工作手册或规章制度等材料，此举意味着单位已告知你单位的相关规章制度。因此，当合同中有涉及单位规章制度的条款，应当先了解这些规章制度才能签字。

2. 签订劳动合同，贵在协商，重在约定

劳动关系属于民事关系，适用“有约定从约定，没有约定从法定”的法律原则。法律法规和政策不可能对所有问题都作规定，鼓励约定是签订劳动合同的重要指导原则之一。所以，约定在劳动关系中有着非常重要的作用。由于一般的合同往往不可能包含所有约定条款，所以可根据自己的劳动合同的重点，确定约定条款的内容。从劳动争议案例来看，在约定条款中，比较容易引起矛盾的往往是在服务期、竞业限制、商业秘密、经济赔偿等方面，这也就是劳动者和用人单位都要重视的约定内容。

思考1:新《劳动合同法》的几个变化

2008年1月1日《中华人民共和国劳动合同法》正式实施,与1995年实施的《劳动法》相比,新《劳动合同法》的一个显著特点,就是更注重对劳动者权益的保护。这部新法在给高职毕业生带来好消息的同时,由于用人成本大大提高,企业对招聘员工也变得非常谨慎,这对高职毕业生就业产生了一定的冲击。对高职毕业生来说,要对新《劳动合同法》有更加清晰的认识,才能更好地维护自己就业时的合法权益。对比《劳动合同法》与《劳动法》,要了解其中的重大变化。这里简要介绍其中的几个变化。

(1) 程序突破

《劳动法》规定,劳动争议必须先仲裁、后诉讼。《劳动合同法》规定,劳动者合法权益受到侵害的,有权要求有关部门依法处理,或者依法申请仲裁、提起诉讼。

(2) 经济补偿

劳动部1995年8月4日发布的《关于贯彻执行〈中华人民共和国劳动法〉若干问题的意见》规定,劳动合同期满或者当事人约定的劳动合同终止条件出现,劳动合同即行终止,用人单位可不支付劳动者的经济补偿金。《劳动合同法》规定,终止固定期限劳动合同的,用人单位应当向劳动者支付经济补偿。

(3) 未订立书面合同,支付双倍工资

《劳动合同法》规定,建立劳动关系,应当订立书面劳动合同。已建立劳动关系,未同时订立书面劳动合同的,应当自用工之日起一个月内订立书面劳动合同。用人单位自用工之日起超过一个月不满一年未与劳动者订立书面劳动合同的,应当向劳动者每月支付双倍的工资。用人单位自用工之日起满一年不与劳动者订立书面劳动合同的,视为用人单位与劳动者已订立无固定期限劳动合同。

(4) 违法解雇双倍赔偿

《劳动法》因为没有规定违法成本,实践中用人单位随意解除劳动合同的现象非常严重。《劳动合同法》规定,用人单位违反本法规定解除或者终止劳动合同,劳动者要求继续履行劳动合同的,用人单位应当继续履行;劳动者不要求继续履行劳动合同或者劳动合同已经不能继续履行的,用人单位应当支付赔偿金。用人单位违反本法规定解除或者终止劳动合同的,应当依照本法第四十七条规定的经济补偿标准的双倍向劳动者支付赔偿金。成本增加了一倍,促使用人单位在解除劳动合同时学会慎重行事。

思考2:什么是社会保险?

社会保险是由国家通过立法,多渠道筹集资金,对劳动者在因年老、失业、生病、工伤、生育而减少劳动收入时给予的经济补偿,使他们能享有基本生活保障的一项社会保障制度,主要包括养老保险、失业保险、医疗保险、工伤保障和生育保险等项目。具有强制性。“四险一金”中的“四险”是指养老保险、失业保险、医疗保险和工伤保障,“一金”是指住房公积金。如果到国家机关、国有企事业单位工作,就不用过多去考虑这个问题;如果到私营企业、民营机构或被聘用到不占其行政编制的机关事业单位工作,就得提到这个问题,至少要提出参加基本养老保险和大病医疗保险。很多单位没有为员工办理基本养老保险,这是违反《劳动合同法》的,有些单位薪酬高,让员工以个人名义参保,应该主动参加。

第三节　运用法律手段维护合法权益

由于高校毕业生就业市场尚未完全成熟,加之社会风气和人们的旧观念、旧思想的影响,在就业过程中不可避免地会出现一些不公平现象,侵害了毕业生的正当权益。高职毕业生在自身权益受到侵害时,有权向用人单位上级主管部门提出申诉,也可提交给当地的劳动争议仲裁机构进行调解和仲裁,或直接向人民法院提起诉讼。

一、求职择业中常见的侵权类型

1. 试用期的侵权

试用期是用人单位与劳动者建立劳动关系后,双方为了相互了解而协商约定的考察期限。这个考察是双方面的,毕业生考察用人单位,用人单位也考察毕业生,谁不满意都可以拒绝对方。只是由于目前就业市场供大于求,就业形势严峻,导致试用期成了用人单位单方面的事。少数不良企业甚至把试用期设置成敲诈劳动者的陷阱，最主要的表现方式就是以试用期的名义来获取廉价的劳动力。试用期侵权主要有两种形式：一种是以各种理由告诉求职者是不合格的，公司解聘是无奈之举，从而以很少的薪水继续招聘不会熬过试用期的人。另一种就是非法延长试用期。试用期本意是用人单位和劳动者相互了解、相互选择的期限，但是一些单位为了减低用人成本，利用试用期的低薪，签订半年的合同，试用期就有了三个月。这种情形一般多发生在一些小企业。非法试用期侵权屡屡得逞的原因，首先是求职者对国家现行的劳动法律法规不甚了解，一切都以企业经营者的说法为准，这是很危险的。

2. 随意收费

招聘中以不同名目收取各种费用是最常见的招聘侵权情形之一，如收取风险押金、培训费等。这个招数对于很多应聘者来说都具有极强的欺骗性和掩饰性。用人单位往往打着看似合理的幌子，以冠冕堂皇的名义收取不正当的钱财，损害学生权益；往往以招聘录用收取押金、保证金的借口，或者以入职培训的名义，骗取求职者的费用。这类欺诈性的面试过程往往比较简单，对于学历、工作经验基本上就没有要求，对于公司的具体情况，也避而不谈，同时还会许以高薪。在许诺的同时提出收费要求，一般让求职者交保证金的理由是一旦由于求职者的原因造成业务和客户的损失应该由求职者分担。求职心切的毕业生在交钱之后，往往不了解情况就与之签约，将来后悔莫及。

3. 工资欺诈与智力陷阱

这类事件主要是利用求职者急切渴望轻松获得高薪职位的投机心理或侥幸心理，通常是不问求职者的具体情况就断然许诺给予高薪，让很多求职者怦然心动。有些用人单位以考核求职者为借口，堂而皇之地无偿占有应聘者的劳动成果，如在招聘时，要求应聘者翻译复杂的文章、策划文案、设计程序等。目前，很多中小企业甚至个别大型企业都利用求职者在应聘考试中急于表现自己的心理，将公司已接下的项目作为考试题目直接交给应聘者完成，在不付出任何成本的情况下骗取应聘者的劳动成果。招聘公司往往以考试为名，要求求职者提供劳动，并无偿占有其程序设计、广告设计、策划方案、文案翻译等成果。一般来说，这一类的考题相对来说都会非常具体，或者对应聘者的创意要求很高。

4. 捏造虚假用人信息

有些招聘单位捏造虚假用人信息，诱骗求职者上当。这种情况主要存在于一些非正规的职业介绍所中，它们一般号称只要缴纳一定的费用，就能帮求职者找到合适的工作。这些地方一般会主动出击，要求帮求职者推荐工作，前提是必须缴纳推荐费。当求职者交过钱，拿到所谓的推荐信后，发现该单位根本没有委托别人来进行招聘。

5. 隐瞒真实工作环境

有些招聘单位提供虚而不实的职位，常常冠以好听的头衔，强调无须经验，这里面肯定大有文章。有一些招聘单位虽然在招聘广告中列出要招聘多种职位，其实这些职位都是做业务的，有的单位也会以到基层锻炼为幌子，欺骗求职者。

二、维护自身的合法权益

1. 树立法律意识和思维方式

市场化的就业体制，要求毕业生就业依靠市场这个无形的手，来实现人才资源的合理配置。市场经济是法制经济，毕业生要能真正有效地做到就业权益的自我保护，必须树立法律意识。在求职过程中，要运用法律的思维来思考碰到的一些问题，了解法律的相关规定，自觉遵守法律法规，接受其制约。一旦毕业生的合法就业权益受到侵害，要积极运用法律手段维护自己的合法权益。只有养成了积极主张权利的维权意识，才能够平等地与用人单位据理力争，维护自己的合法权益。

2. 运用法律手段维护合法权益

毕业生应学会运用法律手段维护自身的合法权益。针对侵犯自身就业权益的行为，有权向用人单位上级主管部门和学校进行申诉并听取他们的处理意见，同时也可提交给当地的劳动争议仲裁机构进行调解和仲裁，也可以直接向人民法院提起诉讼。面对就业市场上各种各样的侵权行为，高职毕业生要加倍小心，提高警惕，做好防范措施。如果一不小心误入求职陷阱，或合法权益遭受侵害，被欺诈或误入非法行业，应立即向警方报案。如果遇到无证照或证照不全的黑中介，应及时向相关的劳动部门、工商管理部门或公安部门反映，有关部门可以根据相应管理条例规定对其进行处罚，所收介绍费可退还给本人。如果遇到用人单位发布虚假招聘信息，信息中所列的待遇、薪酬与实际情况严重不符合的，求职者应向劳动部门反映，请求查处。劳动部门可根据有关管理条例规定处罚该用人单位，对该单位所收的相关费用应予以退还，求职者遭受的损失，应按有关规定予以赔偿。用人单位以收取培训费、押金、保证金、担保金作为录用条件的，其行为违反了相关规定。求职者可及时向劳动部门反映，请求查处，要求退还所交费用。

阅读思考

思考1：试用期与见习期的区别

期限不同。见习期的期限一般为一年，而试用期的期限不超过六个月。

使用对象不同。见习期专门适用于大中专毕业生，是对大中专毕业生在转为国家干部编制之前制定的考核期限。试用期是针对用人单位和毕业生在签订劳动合同时约定的一种考核期限，是随着《劳动法》的实施而产生的。

约束力不同。见习期只对毕业生有约束力，用人单位可以延长见习期或将其辞退。试用期则对双方都具有约束力，试用期内用人单位对不符合其录用条件的毕业生可随时辞退，反过来毕业生对用人单位不满意也可以随时辞职，双方上述做法都不用承担违约责任。

法律效力不同。见习期是强制性的，毕业生必须经过见习期才能转正为人事部编制的国家干部。试用期不具有强制性，毕业生和用人单位可以在劳动合同中约定其长短或者有无。

思考2：就业中常见的骗局

索取费用型。一般来说，这类单位总是常年在网上、报纸上发布“豆腐块”招聘广告，求职者前去应聘，便以“上岗费”、“信息费”等各种名目收钱。当然，为了获取求职者的信任，这类公司会编造种种“正当”的理由，如提供培训等变相收取钱财。

非法职介型。“一间门面房、一张桌子、一部电话，再在橱窗上贴几张招工信息单，既不进行工商登记，也不缴税，生意却仍旧红火。”这是很多非法职介的现况。非法职介，主要指未经劳动部门、工商部门等批准而从事职介、中介的非法机构。不少非法职介打着介绍工作的名目向求职者收取中介费、资料费等各类费用，却迟迟不给介绍工作。等到求职者明白上当受骗，交出去的钱却没有办法再要回来，而待劳动监察部门接到举报后前去查处，非法中介多已人去楼空。

信息“注水”型。“注水”简历多，“注水”招聘信息也不少。名为招聘会计，实则招聘业务员；新人永远被认为“试用期不合格”而遭辞退；明明只有一个职位空缺，广告上却写着招聘5人，种种“注水”招聘，让求职者深受其害。这类公司不直接以收取求职者钱财为目的，却变相让求职者免费为其提供劳动，或通过招聘向求职者销售产品等。

在求职过程中，遇到以上情形，可通过向各级劳动检察机关举报，或发现用人单位无证经营，向工商部门投诉，或发现受骗后向公安部门举报，依法维权，挽回损失。

活动感悟

活动1:就业法规知识小竞赛

活动目标：通过本活动，让同学们熟知就业相关法规的内容，以便在日后初次就业的过程中，能够熟练运用以保护自身的权益。

活动流程：步骤一，每3人组成一队，共有4队。

步骤二，任课教师事先整理出关于《劳动合同法》、就业相关“政策”内容的题目40道，进行“是非”或者“选择”题的抢答。每答对一道题，计10分，得分最高的一队获胜。

总结评估：法规知识的内容不在于多，而在于要有针对性，举办小竞赛的目的不是为了获胜，而是为了让同学们更深刻地记住这些就业相关法规的内容。

活动2:模拟法庭

活动目标：通过活动，使学生们了解掌握更多的法律常识，用法律武装自己，学法、懂法，从而做到守法、护法，增强学生的法律意识和运用法律保护自己在就业中的合法权益的能力。提高学生比较和分辨的能力，能准确界定是与非，合法与非法。培养学生主动参与、乐于探究、勇于实践、敢于创新的能力。

活动流程：

角色分配：法官1名，被告2名，原告2名，律师4名，其余为陪审团或群众。

传入被告、原告、律师，宣布法庭纪律。

原告陈述事情经过；被告为自己进行辩解；双方律师辩论；合议庭讨论（群众发表意见）；法官作出判决。

现场讨论：

讨论题：该案例对大家有何启示？从中了解了哪些相关法律知识？一旦遇到类似的劳动纠纷，如何维护自己的合法权益？

学生以小组为单位展开讨论。在讨论过程中，教师给与适当点拨。注意案例中出现的人物，各自的行为及造成的后果，涉及的法律知识。每位同学根据小组讨论的结果发表各自的见解。持不同观点的小组与小组间可以展开讨论，分成正方与反方，各亮明观点，据理力争，驳斥对方。

总结评估：通过模拟法庭和小组讨论，可以使同学了解更多的法律知识，是一次绝好的普法活动，同时在辩论活动中，培养了同学们分工协作的精神，提高了口头表达水平与比较辨别能力，从而使同学们增强维权意识，学会用政策法规保护自己。

第八章　适应社会　走向成功

学习目标

1. 了解角色转变的意义及方法
2. 明确角色转变过程中应注意的问题
3. 正确认识和适应职业环境

篇首案例

高职毕业生王某的成功之路

王某，保定职业技术学院农林与生物工程系生物技术应用专业2006届毕业生。现任深圳诺普信农化股份有限公司华北部北京片区经理。该公司是集农化产品研究开发、生产销售与农业科技推广服务于一体、拥有自主知识产权的股份制企业，2002年被评为“深圳市高新技术企业”，拥有20多项国家专利。要想成为该企业的员工，必需经过一番磨砺，先由公司培训，然后做学员、推广员，进而分区代表、片区经理等，工作的职位一步步上升。

2005年10月，王某就被招聘到了这家公司。刚到公司，王某就经受了严峻的“考验”：一是观念的“不适应”。初来南方，快节奏的生活、高效率的工作、市场经济理念，一切还没来得及适应，就身不由己地汇入了培训的洪流。二是生活习惯的“不适应”。公司的培训学校军事化管理。培训要经过三步：第一步，通过公司人员的介绍迅速熟悉公司环境，了解公司定位，了解行业的发展现状及前景；第二步，接受农药的标签、成分、药理等系统知识的培训，这个阶段每天要进行考试，末位淘汰；第三步，到工厂熟悉生产，要求每位员工对生产的每个环节要实际操作一个小时，了解整个流程，同时加深对农药的记忆。整个培训阶段，每天五点半起床，开始军训，晚上加班到很晚才能完成一天的任务，睡的还是只有在床板上铺个床单的真正的硬板床。同去参加培训的120人中，一周后只剩下了三分之一。尽管如此，但王某想，公司肯花力气这样培训员工，一定有它的道理，我一定要珍惜这次机会，再苦再累也不轻言放弃。在这种信念的支撑下，他终于以优异的成绩通过了培训。

培训完毕后，王某被公司分配到一个小区域，协助业务员开展工作，下田间地头，与农民沟通，处理一些专业问题，每天的行为过程都要跟分区代表汇报，以便公司对员工的能力作出评价。这个阶段仍然有淘汰制，有的员工吃不消农村的苦就自动离职。王某吃苦耐劳，不嫌弃农村条件简陋，每天奔波于村镇之间，主动接近每一位客户，发现客户的需求，不仅表现出了与农民和零售商的沟通能力，而且还主动为公司做宣传单，推出农药。不到一个月，王某就破格提升为推广员。

做了推广员，有了具体任务，王某觉得专业知识更有了用武之地，同时也感受到了责任的重大。2006年年底，王某被分配到大连做市场调查，正赶上大连有寒流，本来可以租住在有暖气的房间，但是王某为了能够拉近与客户的关系，方便与客户沟通，就住在客户的业务员的家里。房间里没有暖气，没有自来水，早晨起来鼻子上都是一层冰。下雪天，客户们都休息，他就每天冒着风雪下县下乡，对零售商沟通，了解情况。他感动了客户们，感动了零售商，也感动了公司经理，2007年年初，王某被公司提升为北京片区经理。升任片区经理后，既有压力也有动力。他积极分析片区现状，主动抓好管理，想尽办法抓效率，制订了严格的考勤制度、奖惩制度，为每一位员工规划未来，关心每一位员工的需求，定期组织员工外出旅游放松心情。手下的员工个个激情满怀，干劲十足，使得王某带领的北京片区连连为公司创造了最好的业绩。（根据保定职业技术学院提供的案例改编）

交流研讨

你对王某的成功经历感受最深的是什么？

点评分析

王某从接受职业培训到做推广员，从做推广员到任片区经理，一步一个脚印，从来没有抱怨过公司的条件、环境，从来没有问过自己的待遇，他说："公司能够给他这样的工作机会，就是对自己工作的最好的回报，工作的机会比金钱更重要。"当一批批高职毕业生走出校门的时候，他们的就业之路不都是一帆风顺的，甚至大多数都有过"毕业就失业"的经历，原因不外乎公司环境不如意、待遇不理想、人际关系不顺畅等。王某的就业经历给了我们很好的启示，我们是否也该反思一下自己呢？

第一节　高职大学生到职业人的角色转变

一、高职大学生角色与职业角色的区别

人的一生，经历着多次不同社会角色之间的转换。高职大学生毕业后走向社会，就是一种典型的社会角色转换，这个转换对其职业生涯的发展十分重要。高职大学毕业生应该以积极的态度认知新角色，适应新角色，顺利完成角色转换。

高职大学生角色和职业角色的主要区别是：社会责任和社会规范不同，接触对象和活动范围不同。高职大学生在校就读期间，主要是对自己的学习负责。而作为职业人则大不一样，说大了是为社会创造财富、为社会作贡献，说小了也是自己得对得起自己那份"工资"。作为职业人，在严格遵守工作单位的各项规章制度的同时，不但工作上要认真对待，而且有责任高质量地完成好自己所分管的工作，讲求与单位职员之间的协调配合，讲求团队精神。同时，还有为单位的发展作出贡献。从身份角度来说，学生是接受教育，增长知识能力，逐步完善自己，属于学生范畴。从经济角度来说，学生自己没有任何经济来源，是完全接受家庭经济供给和资助以完成学业，纯属消费者。职业角色则是用已经掌握的本领，通过岗位工作为社会创造财富，以

自己的行为承担社会责任，属于“社会人”的范畴。高职大学生在校学习期间，除了接触老师就是同学，和学校以外的人员接触较少。师生间、同学间较少利害冲突，关系相对纯洁。走向社会，到工作单位后，接触的是不仅有领导、同事，还有形形色色的商家、客户、社会朋友，这之间不但有工作关系，而且往往存在一定的利害关系，接触的范围更宽，人员更广。

二、角色转换的意义

高职大学生就业后，面临着如何从学生角色到职业角色的转换问题。学校与社会是两种不同的环境，学生和职业人是不同的角色，对社会承担着不同的义务。高职大学生走向工作岗位后，应尽快地完成角色转换。如果对角色转换认识不清，思想准备不足，往往会导致一些毕业生在岗位工作中对职业角色的不适应，甚至影响职业岗位的工作。顺利完成职业角色向职业角色的转换，注意克服可能出现的种种心理矛盾，加强心理调适，培养良好的职业心理，以求实的工作态度和踏实的工作作风走进职业生活，对于尽快适应社会做好岗位工作具有重要意义。高职毕业生踏入社会，意味着要从学生角色转换到职业角色。学生角色的主要任务是学习知识技能，培养能力，全面提高自身素质。职业角色则是把自己在学校所学的知识技能运用到实践中去，并承担相应的职业义务与履行岗位职责。只有做好角色转变的思想准备，加强心理调适，树立正确的职业心态，以求实的工作态度和踏实的工作作风走进职业生活，才能尽快地适应社会，顺利地干好自己的本职工作。在进入社会之前，高职大学生的主要任务是学习、升学，提高自己的学习能力。可以说都是在为实现自身价值努力着，准备着。进入社会后，高职大学生要成为一个职业人，一个合格劳动者，就要根据自己所从事的职业岗位特点和技能要求，有目的、有计划地培养自己的职业素质和职业技能，以岗位需要为前提，以服务社会为目的。

高职大学生参加工作后，往往有一个试用期和见习期，之后转为正式从业者。试用是毕业生分配制度改革后，大多数企业在双向选择中广泛采用的一种新措施，是用人单位对“准”录用人员的一种考察方法。对于毕业生来说，这既是一种考验，也是展示其能力和水平的一次机遇，应当很好地利用，不可掉以轻心，丧失良机。初到工作岗位，应握好试用期和见习期的角色转换，树立岗位工作的责任意识。多数人在走上工作岗位之初，一般不会被委以重任，而是先从最简单的辅助性的工作做起，这也符合人才成长的基本规律。有的人对此不理解，认为自己被大材小用了，对一般的工作不愿意干，甚至闹情绪，这是缺乏责任意识的表现。不管工作责任的大小，分工的高低都应以满腔的热情和高度的事业心、责任感认真对待。在试用期和见习期内，有时工作中难免出现失误。工作失误并不可怕，可怕的是不能正确地认识失误。对待失误的正确态度是认真地分析原因，勇于承担责任，并认真总结经验教训，防止避免类似失误再次发生，以获得领导和同事的理解。

三、角色转变过程中应注意的问题

1. 正视现实

现实是客观存在的，积极的心态是正视现实，适应现实。消极的心态是脱离现实，逃避社会。随着社会主义市场经济的发展，社会越来越尊重知识、尊重人才，并为高职大学生提供广阔的天地，有利于自身的发展与成才。但必须清醒地意识到，我国目前生产力还比较落后，就业市场竞争十分激烈，供需状况也不平衡，我国的毕业生就业市场还需要进一步完善，用人单位自主权扩大以后，对高职大学生的要求更加严格。高职大学生应该面对这些现实，从实际出发，处理好理想与现实的关系。那种脱离社会、脱离现实、好高骛远、凭空臆想的做法都是不正确的，逃避社会，回避现实的想法更是不可取的。同时，要正视自身，对自己的思想表现、专业学习状况、各种能力、身心素质等有充分的认识，以便将主观愿望与客观实际结合起来。

2. 不怕挫折

挫折，是指个人在从事有目的的活动过程中，遇到的干扰障碍，致使动机不能实现时的情绪状态。遇到挫折，要认真分析失败的原因，是主观努力不够还是客观要求太高？是客观条件苛刻，还是主观条件不具备？认真分析，才能心中有数，才能更好地调节心理。高职大学生在择业时，应该保持健康稳定的心理，采取积极的态度，遇到挫折不要消极退缩。

3. 放眼未来

尽管社会为高职大学生择业提供了“双向选择”的机会，多数高职毕业生可以通过“双向选择”获得较满意的职业。但是，由于种种原因，一部分高职大学生的志愿难以实现。也许专业较为对口，但地域偏僻或工作在基层；也许地域优越但专业不对口等。对于这些问题，应该有充分的估计，要从长计议，放眼未来。随着市场经济的不断发展，人才流动的机会将越来越多。越来越开放的人事流动制度，将会为高职毕业生提供更为广阔的就业前景。

思考1：学会踏实做人，用心做事

王某，女，保定职业技术学院计算机系2003届信息管理专业4班毕业生，现任保定市华宇电脑工程有限公司采购部经理。2002年12月，通过人才市场招聘，王某到保定市华宇电脑工程有限公司实习。半年后，王某与该公司签订了劳动合同成为该公司的正式员工，做了市场部的一名普通业务员。2005年上半年，她就被提拔为市场部经理，2006年她又被调到采购部担任部门经理。前后不到两年时间，王某便由一名普通业务员升为部门经理。她的职业生涯发展得如此顺风顺水，这并非偶然。这与她"踏实做人，用心做事"的品质是密不可分的。

王某是位有心人。2000年9月，刚刚跨入大学校门，她就懂得学习知识与锻炼综合能力同等重要。为了自己心中的目标和理想，她敢于展示自己，不甘默默无闻。在校期间，她一直担任院学生会监察部部长和信息管理专业4班班长的职务。王某学习，踏实认真，多次获得奖学金和"三好学生"称号，毕业时还获得了"河北省优秀毕业生"荣誉称号。王某说，在校期间认真学习专业知识非常重要，为工作后的再学习打下了良好基础。王某建议学弟学妹们，工作后也要不断学习，才不会落后。担任院学生会干部和班级干部的经历，使王某获益匪浅，这些经历锻炼了她的组织能力、接待能力、沟通能力、协调能力及表达能力，使她感到自己的职业生涯开始得很轻松。她说："在学生会任职时，经常布置会场，因此工作后，做起这方面的工作，就觉得轻车熟路。"王某来到华宇公司实习期间，最开始她只做一些文件处理等简单工作，最主要的任务是向师傅学习公司的业务知识。经过一段时间的学习，她便被安排去跑业务，开始承担更具挑战性的工作。王某说，实习期间公司不给发工资，仅发生活费，而且跑业务很辛苦，有许多和她同去的大学毕业生，因为不发工资，怕吃苦，很快就离开了，而她却坚持了下来。她认为，公司为自己提供了学习锻炼的机会和场所，又不收学费，她觉得自己不吃亏。她深知：在初出校门、踏入社会的时候，不要太顾及工资的高低，而要去想这项工作能给自己带来的种种益处，比如办事能力的提高、经验的积累等各方面的收获；功夫不负有心人，踏实肯干、用心学习的王某，在实习期间就创造出了很好的业绩，她的业务量在实习生中名列第一。

成为了华宇公司的一名正式业务员后。王某日复一日地骑着一辆单车，穿梭在保定的大街小巷。作为业务员，她的主要工作是，了解客户需求，向客户解释自己推荐的产品的质量、性能、优点、缺点等。万事开头难，刚开始跑业务时，王某经常亲自将产品的相关资料送到客户手里，由于缺乏经验，有些业务知识和产品知识她自己也不太懂，无法向客户解释清楚，但她并没有灰心，而是回到公司，通过查资料、学习，然后再回到客户那里继续给客户讲解，直到客户听懂为止。她的真诚和耐心，热诚和执著，打动了许多客户也赢得了客户的信任，于是客户们纷纷和她建立起了合作关系。向客户作产品介绍时，许多业务员只介绍产品的优点，对其缺点避而不谈。而王某既要介绍产品的优点又要介绍产品的缺点，实事求是，有什么说什么，从不说虚浮夸张的话语。客户们认为王某，踏实、实在，和她合作很放心。在做业务上，王某很用心，她有自己独特的方法，她会针对不同的客户，采取不同的讲解办法，针对客户的特点来解说，用她的话说就是："用客户熟悉的知识，去讲解客户不熟悉的问题"。王某的用心还表现在她会不失时机地向领导展示、推销自己，从而让领导发现自己。2003 年，"非典"期间，华宇公司在涿州有份业务需要洽谈。要去洽谈这份业务，就意味着要冒生命危险，这时同事们都往后退，而有心的王某却在想："危急时刻，方显英雄本色。这是个展现自己的好机会。"于是，王某请命去涿州顺利完成了任务。凭着自己的踏实和用心，2003 年和 2004 年，连续两年，王某业务量蝉联第一。经过拼搏，她终于建立起了自己的客户群体和良好的人际关系。业务群中杀出的黑马，很快被伯乐慧眼识出。2005 年，王某被总经理提拔为市场部经理，并于 2006 年被调到采购部担任经理一职。（根据保定职业技术学院提供的案例改编）

思考2:初涉职场需补上劳动纪律这一课

今年年初,某会计师事务所招聘了几位实习生,老板让资深会计师带教。其中有一位实习生吴某,生性活泼、工作主动,积极协助该会计师编制工作底稿、打印审计报告,成了该会计师不可或缺的助手。老板说:"在几个实习生当中,吴某的表现属于比较好的。"就在吴某的表现慢慢地被大家认可时,发生了一件令他终身铭记的事情。有一天,吴某和几位实习生要去报考注册会计师,他对会计师说:"老师,我们第一次报考注册会计师,手续比较复杂,上午就去报名可以吗?"该会计师说:"如果你报名后仍回所里,那就上午去吧。如果报名后直接回家,那就下午去。"后来,吴某和几位实习生上午10时便去报名了。到了下午2时,老板忽然有事要找吴某,会计师说:"他报名还没回来。"老板立即拨通了吴某的手机。这时,吴某已经在回家的路上了,老板大为不悦说:"上班时间,怎么可以这么随便呢?"吴某竭力想为自己辩解些什么,可老板根本不理会这些话。后来,吴某想通过自己的带教会计师去说情,该会计师劝他应该在自己身上找原因。于是,他们进行了一次较深入的沟通。会计师就像一个父亲对吴某循循善诱,终于,沟通取得了成效。吴某说:自己刚踏入社会,还没有对"劳动纪律"这个概念引起足够的重视,把大学里自由散漫的习惯带到了工作岗位上,这是很不合适的。该会计师很欣慰:"还是孺子可教啊。要知道,给别人留下好印象不容易,需通过自己不断的努力和提高。但要给人留下坏印象则很容易,要吸取教训啊。"实际上,像吴某这种情况有着一定的普遍性。不仅是实习生,有些刚踏上工作岗位的年轻人,劳动纪律的概念也很淡薄。

有一次,某会计师事务所的部门经理讲了这么件事:从5月份开始,审计业务进入了淡季。有一天,他在所里整理文件,一位刚被录用的大学生对他说:"我在所里没事干,是否可以早点回家?"那位部门经理说:"怎么会没事干呢?整理审计档案,学习法律法规等,事情一大堆呢!你连早九点晚五点的坐班制度都不能遵守,还进事务所来干什么?"(摘编自《高职大学生就业指导》,北京邮电大学出版社,孙权、王滨有主编,第177页)

第二节　职业适应与发展

一、职业角色的适应

1. 心理适应

高职大学生从学校步入社会，进入就业市场，是人生的一次重大转折。参加工作初期，不仅容易产生心理上的困扰，而且由于不同职业环境所处的社会地位及组织结构的特殊性，还会遇到很多特殊的心理适应问题。每一位从学校进入社会职业环境的人在很长的一段时间内，面对新的环境、职业和人际关系等因素，在工作技能和心理上都要经历的一个从很不适应到逐渐适应的过程。随着时间的推移，人们对职业的不适应逐渐适应到完全适应，心理上又会表现出由初期烦躁、易怒、冲动等特点转而到满足、平安、稳定、成熟等心理特点。那么，如何调整好自己的心理，尽快适应职业生活呢？

(1) 调整兴趣和能力的关系

由于个人的能力水平对人的活动量和活动强度有直接的影响，将关系到个人在职业生涯中能承担责任的类型、程度和压力，乃至于个人投入到工作和生活中的体力和精力。搞清自己的兴趣和能力所在，看看自己最大兴趣与最强的能力是否一致。如果一致，则预示着个人能出色完成所感兴趣的事情。当个人利用自己的技能完全符合自己兴趣的职业时，在心理上就会产生得心应手、游刃有余、自我满足的感受。倘若兴趣大大超过能力，那就必须找到发展提高个人技能的新方法，使技能与兴趣一致；如果能力远远高于兴趣，这就意味着能轻松完成工作，但不可能长久地投入其中。因此，高职大学生应培养自己的多种兴趣爱好，全面提升个人技能，形成较强的个人综和素质，以增强对职业的适应性。

(2) 合理调适情绪

高职大学生应注重个人不良情绪的调适，采取通过调整认知评价、合理宣泄、学会自慰、学会风趣幽默、学会转移与升华、学会自我暗示等心理调适手段，将自己的情绪调整到最合理或最佳状态。在快乐、幸福、轻松、耐心、自信、无内疚感等健康情绪下，个人所做出的抉择才更理智，才会有一个成功的个人职业生涯。

高职大学生在职业适应初期，之所以有一些不良的心理反应，容易遇到挫折，主要是因为拥有许多不甚合理的、非理性的观念。只有改变不合理、不现实的自我认识，持有更健康的心理，才能减少和消除职业适应过程中的诸多不适，作出更为明智和合理的决定。一个人的个性对职业适应性有着很大的影响，个性太强或不独立，都不利于在工作中建立人与人之间和谐融洽的人际关系，因此，应注意克服个性上的不足。要客观认识自己，分清自己的需要和他人的期望，协调好主观和客观的关系，把握好"理想自我"与"现实自我"的差距，竭尽全力走好人生的每一步，使个性心理能更好地适应职业的发展和要求。

(3) 调整"自我期望"与"自我现实"之间的差距，保持健康平和的心态

"自我期望"与"自我现实"之间的目标常常会出现不一致，要善于调整两者之间的差距，以达到心态平衡。在工作中要求尽善尽美的人，往往会表现出一种渴望他人看到、肯定自己的成绩的心理态势。这种追求"完美"的心态，常常容易忽略自身条件的限制，如个性、能力、机遇等，如"自我期望"过高，与"自我现实"之间差距较大，心中所期望的目标不能实现，就会导致心理失衡，出现很强的挫败感，从而失去自信，造成人际关系紧张，影响工作和生活，进而从心理上会形成一种职业适应性很差的局面。因此，高职大学生要善于放弃"完美主义"心态，积极面对工作中的挫折，调整"自我期望"，确立切实可行的实际工作目标，发挥自己的工作潜能，增强对职业的心理适应性。

2. 岗位适应

(1) 尽快熟悉"游戏规则"

每个单位都有自己的劳动纪律，要熟悉"规则"，不要凭以前的经验办事。

如果因为业务不熟悉而犯错，除了承认之外，向部门领导或是"老同志"多请教以免再犯是最好的办法，千万不要犯了错误还给自己找借口。每个单位都免不了有说长道短的人。初入新环境，为熟悉"规则"，听听当然无妨，但切不可自己妄加评论，以免言多语失。更不能背后议论他人，搬弄是非。

(2) 多做小事不吃亏

复印机没有纸了，悄悄地给加上；饮水机没水了，主动给送水公司打个

电话;准备一块抹布,不指望卫生都由清洁工来做;早来几分钟、晚走几分钟,最后一个上班车……这些不起眼的小事最能给人留下好印象。在试用期谁都想给单位留下好印象,但过犹不及,要循序渐进,不要接手太多工作,以免面面俱到但又一事无成。千万不能以自我为中心。在学校里学的东西可能跟实际情况有些出入,重要的是别怕说“我不懂”、“我不太明白”,多问问有经验的人。

3. 人际关系适应

进入工作岗位后,要重视人际交往,克服人际交往中的障碍,努力营造一个积极、宽松、和睦、融洽的工作和生活环境。人际交往不仅是协调职业生活中人与人之间的关系,也是个人心理健康的需要。个体和个体之间、个体和群体之间、群体与群体之间,既能产生一些协作性行为,也能发生一些相互干扰及相互矛盾的行为,产生一些隔阂和误解,影响个体的身心发展及组织和个人目标的完成。要消除这些矛盾和隔阂,最有效的途径就是通过人际交往与沟通,使分歧得以统一,达成相互理解,形成共识。高职大学生在人际交往中应讲究交际艺术,讲究交往的方式、方法,襟怀坦白、开朗热情、诚实守信,注意克服个性品质中不利于人际交往的一些社交障碍。

二、正确认识和适应职业环境

1. 珍惜第一份工作

初涉社会难免会有坎坷。有的人在工作中遇到坎坷就大发牢骚,动辄轻言离去,这样做是极为不妥的。对于择业者来说,做第一份工作,无论出现任何挫折,只要没有充分的理由可以放弃这个职位,就必须采取各种有效的方法,来巩固自己目前已经获得的职业岗位。争取到第一份工作,表明一个人已经有一个奔向职业最理想的“桥头堡”,特别是对于那些“热门”职业来说,就更是如此。所以,高职毕业生应该珍视初次得到的第一份工作。那么,如何珍惜第一份工作呢。主要是安心本职、甘于吃苦,放下架子、虚心学习,善于观察、勇挑重担。

安心本职是珍惜第一份工作的前提。刚走上工作岗位的高职毕业生,应尽快从学校生活中解脱出来,全身心地投入到新的工作。进入职业岗位后,要有干一行、爱一行、钻一行的敬业精神,争取干出成绩。有些高职毕业生,工作几个月后还静不下心来,三心二意,不安心本职工作,这对把握第一份工作是十分不利的。甘于吃苦是珍惜第一份工作的重要条件。只有甘于吃苦,才能很快适应工作,进入角色。有的毕业生缺乏吃苦耐劳的精神,到了工作岗位后怕苦怕累,这必然影响到今后的发展。尽管高职毕业生在校期间已经学到了一定的理论知识,但在陌生的职业面前,却是个小学生,一切都要从头学起。一切有经验的技术人员、领导、师傅、同事都是很好的老师,他们在工作岗位上工作了多年,具有丰富的专业知识和实践经验。只有放下架子,虚心学习,才能从他们那时学到许多观察问题、分析问题和解决问题的方法与能力,逐渐完善自我,尽快实现角色转换。珍惜第一份工作,还要开动脑筋,善于观察,勇挑重担。只有善于观察,才能发现问题,并运用自己所学的知识努力去解决问题,逐步具备独立开展工作的能力,承担更重要的责任。勇挑重担是珍惜第一份工作的重要体现。毕业生奔赴工作岗位后,应当从一开始就严格要求自己,树立高度的主人翁责任感和积极的奉献精神,不计个人得失,不计蝇头小利,努力承担岗位责任,主动适应工作环境,更快地把握住第一份工作。

2. 学会适应工作环境

适应工作环境,是指个人体在社会认知和社会生活的基础上,不断调整和改变自己的观念、态度、习惯、行为等,以适应环境的要求和变化。适应工作环境,首先要树立岗位角色意识。学生时代,高职大学生的主要任务是学习,社会责任较少。工作后,要承担一定的岗位责任和社会责任。个人工作成绩的好坏,不仅和自己的前途密切联系,而且也和单位、部门的发展紧密相关。这就要求高职大学生要立足新岗位,岗位角色意识和责任意识,以单位、部门的兴衰为荣辱,以国家的兴旺、民族的强盛为己任。初到工作岗位,高职大学生对自己所要从事的工作的基本情况还不了解,需要不断学习,虚心求教,勤于思考,善于总结,尽快熟悉并掌握有关的业务知识。信息网络化为管理规范化、科学化、工作效率大幅度提高提供了有利条件。高职大学毕业生应尽快学习掌握工作网络的知识,适应信息化管理,提高履职能力。

3. 提高承受挫折的能力

挫折是个体在满足需要的活动中,遇到阻碍和干扰,使个体动机不能实现、个人需求不能得到满足的一种心理感受。每个人都可能遭遇困难和挫折。遇到困难和挫折,许多人常常会痛苦、自卑、怨恨,失去希望和信心。这时,如果不善于自我调适,不仅影响自己的工作、生活,还会严重影响自己的身心健康。因此，职场受挫后应正确对待，要提高承受挫折的能力，学会自我减压、自我调节，防止消极后果的产生。倾诉泄压法、优势比较法和目标转移法是自我减压、自我调节的重要方法。倾诉泄压法，即将自己的痛苦向他人倾诉。适度倾诉，可以将失控随着语言的倾诉逐步转化出去。倾诉作为一种健康防卫，没有什么副作用，效果也较好。如果倾诉对象具有较高的学识、修养和实践经验，将会对失横者的心理给以适当抚慰，鼓起他奋进的勇气，受挫人会在一番倾谈之后受到意想不到的效果。当然，倾诉时一定要找准合适的对象。优势比较法，即去想那些在职场上比自己受挫更大、困难更多、处境更差的人。通过挫折程度比较，将自己的失控情绪逐步转化为平心静气。当自己从挫折中重新站起来之后，应认真审视自己受挫的过程，多从自身找原因，接受受挫的事实，克服自己在工作中存在的问题。目标转移法，即重新寻找一个方向，确立一个新的目标，这是一个将消极心理转向理智思索的过程。目标一旦确立，犹如心中点亮一盏明灯，人就会生出调节和支配自己新行动的信念和意志力，从而排除挫折和干扰，向着目标努力。新的目标的确立标志着受挫人已经从心理上走出了挫折，开始了下一步争取新的成功历程。

三、建立和谐的人际关系

(1) 尊重他人，不自恃清高

到了新单位，尽管每个人秉性各异、爱好不同，但每个人都是自己的老师。要像尊重老师那样尊重他们，尊重他们的劳动和劳动成果，尊重他们的人格和感情，虚心向他们求教，不要妄自尊大、摆架子、自恃清高。在互相交往中尊重他人的同时，也赢得他人的尊重。

(2) 热心助人，勿见利忘义

患难见真情。同事间的相互帮助，既可以锦上添花，更应当雪中送炭。当别人有困难时，应伸出热情的双手给予帮助，不要为了蝇头小利而做有损人格的事。只有热心帮助他人的人才会得到别人的帮助。

(3) 服从领导，不无理抗上

要尊重上级，自觉服从上级的指挥，听从上级的工作安排。对分配给自己的工作，能完成的要提高效率，出色完成。难以完成的，最好单独找上级陈述理由，不要当众拒绝，要善于向上级学习，要维护上级的威信，并力求得到他们的支持和帮助。

阅读思考

思考1:适应职业环境,坚持就是胜利

赵某是保定职业技术学院机电系汽车运用与维修专业的第一批毕业生。2003年,初入职场时他是上百名修车工的一员,2005年他被提升为公司的技术总监,他告诉我们他相信“坚持就是胜利”。初识赵某,朴素的工作服、朴素的话语,并没给我们带来太多惊奇,就是这样一个貌不惊人的小伙子,用辛勤的汗水、过硬的技术、清晰的思路,为自己的成功打下了坚实的基础。

2003年毕业找工作时,赵某没费什么周折,一份简历投到省汽贸公司,经过面试,他便开始了自己的职场人生。作为公司最基层的修车工,从上班的第一天,赵某就踏踏实实干活儿、认认真真学技术。从开始在旁边看着师傅干活儿,到递递扳子、打打下手儿,从学着做最简单的保养、拆装轮胎,到换机油、找故障,他都毫不懈怠。别人是等活儿干,他是主动找活儿干,自己的活儿干完了,又跑到别的车前跟着别的师傅学。“我不一定比别人学得快,但我一定比别人学得多。干这一行没有捷径,要想多学技术,就得付辛苦、多干活儿。”“我最辛苦的时候每天早上6点起床,一直干到晚上10点,甚至到夜里2点,连续一两个月都是这样,没有任何休息时间,除了吃饭,就是修车、学技术。”“整个人都是黑的,手上是油,身上也是油。”说起那段日子,赵某说,除了累,还是累。赵某明白,现在的社会,只知道吃苦干活儿,是远远不够的,在他心里,早就悄悄地为自己规划着未来呢。从上学时起,赵某就告诉自己,作为汽车运用与维修专业的第一批毕业生,自己的出路绝不是一个只会机械拆装、换件的熟练工,他要学的是技术、是思维、是能力!他也深深地知道,要想达到这个目标,就得学习、再学习!走上工作岗位的赵某吃苦耐劳、思路清晰、有着自己的见解。他说他有一笔可贵的“财富”,即一摞笔记本。有上学时的课堂笔记,有工作后每天的工作日记。“我每天修车遇到的难题,师傅是怎样教的,最后是怎么解决的,我都一一记录下来。时间一长,这些笔记就成了我最大的财富。”我们打开其中一本儿,上面密密麻

麻地记录着他每天的收获、不同车型的各种数据、修车的记录、线路图……看着这一本本笔记，我们不难想象赵某每天挥汗如雨、孜孜以求的工作场景，他的技术水平，也就在这每日的实践、思考、积累中不断成熟，日益提高。在2005年公司考核中，出色的表现、过硬的技术，让25岁的赵某在百余人中脱颖而出，晋升为技术总监。谈到他的感受，“坚持就是胜利”，他还是这么说。

职位升了，工作环境好了，可赵某并没因此放松。面对更高的期待与挑战，他又加快了自己的步伐：每天，他都要亲自到车间作技术指导，遇到“疑难杂症”，他会俯下身来亲自上阵，遇到解决不了的问题，他会虚心向年长的师傅请教，还会大量翻阅资料，通过互联网进行技术交流；闲暇时间，不离手的是各种汽车杂志和汽车英语词典，熟知当今汽车市场的形势、掌握汽车英语，是赵某要求自己一定要做到的事情；为进一步提高技术，真正达到“听现象、判断故障”的水平，他不忘给自己“充电”——参加上海通用汽车公司的系统培训。滴水成海，赵某用自己辛勤的汗水和不懈地努力，在汽修领域开辟了自己的一方天地，得到了同行的认可。

采访中，赵某一再提到“坚持就是胜利”，我们不难理解这“坚持”背后的含义：辛苦流汗的时候，是坚持，让他把每个活做好做完；苦思冥想的时候，是坚持，让他攻克难关；跟师傅学习时，是坚持，让他学到了技术与经验；处理各种问题、故障，还是坚持，让他赢得由衷的称赞。对于“成功”，他说成功就是上了一个台阶，前面还有许多台阶等着他，他还要坚持，还要不断成功。（根据保定职业技术学院提供的案例改编）

思考2:积极自信的人生 奋斗不息的脚步

陈某，女，保定职业技术学院农林系生物技术专业2005年毕业生，现任天津市人农药业有限责任公司企业策划部产品经理。初涉职场的陈某并非一帆风顺，毕业实习时，她去了石家庄市的一个种子公司。在那里，开始了她的第一份工作，经过一个多月重复性的机械式工作后，陈某决定离开。接着，她在保定一家制药厂留了下来。在这里，她每天的工作就是在车间里做熟练操作工打鸡蛋壳。她深知，这样的生活绝不是她的理想，但她需要这样一份工作，需要先挣钱，需要养活自己。于是，在踏踏实实做好每一天简单重复的工作的同时，不服输的陈某努力地寻找着适合自己生长的那一方土壤。

天津人农药业有限责任公司在招聘广告上却明确的注明不招聘女员工。而50年的建厂历史，优秀的管理和技术团队，遍布全国各地的销售市场，广阔的发展前景，这些，都深深地吸引着陈某那颗跃跃欲试的心。陈某思来想去，只有自己奋力争取，才可能有奇迹的出现。带上精心设计的求职简历和一摞厚厚的荣誉证书，凭着一颗积极自信的心和扎实的专业知识，陈某终于叩开了人农药业的大门。在整个面试过程中，她对答如流的专业知识，落落大方的言谈举止，积极进取的人生态度，给考官留下了深刻的印象。就这样，一个已经被划在职场大门之外的女孩，在自己不懈的努力下，终于抓住了这难能可贵的机遇。她成为人农药业企业策划部的一名文员。从被录用的第一天起，陈某不亦乐乎地忙活着，打扫卫生、接听电话、传送文件。每项工作，她都高高兴兴、认认真真地做好。作为一名文员，熟练掌握计算机操作技能是必不可少的。然而，这正是陈某的弱项。面对一份份需要录入的文件，陈某那股不服输的劲头又来了。所有的闲暇时间，她都在学习计算机基础知识，练习盲打、制作表格，一遍又一遍，毫不懈怠。就这样，两个月的时间过去了，她的计算机操作水平有了明显的提高，所有相关的工作不仅质量优，效率也高了。在主管领导与她的谈话中，他们发现，这个认真负责、胆大心细的女孩，还是个“有心人”。看似琐碎、平淡的文员工作，在陈某看来，是一种积累、一种学习。传送的文件是关于市场最新消息的，她记了下来；领导让她录入的是关于药方配比中存在的问题，她记了下来；看到哪些她在书本上没有学过的知识，她也记了下来。就是这样的积累，让她拥有了主动，她不再是一个普通的文员，她会适时地说出自己的想法，提一些可行性很强的建议。

半年之后，她为自己赢得了一片更广阔的天地，由文员的岗位转为企业的计划排产员。这是一份更琐碎、更细致也更重要的工作。从产品外包装材料质地的选择、标签文案的设计，到外包装箱的尺寸、标识的确定；从下发原料采购通知单，到制订生产计划，每一个环节，哪怕出一点小错，都会给企业带来直接的经济损失。陈某深知自己的责任，每一项工作，她都反复核对，每一个环节，她都认真对待。节假日里，也能在办公室里看到她忙碌的身影。她一次又一次的出色完成了领导交给的工作任务。领导对她评价是“办事干净利落”，“交给小陈，我放心”。陈某用自己的勤奋、诚实，让公司的领导们也不得不对这个专科毕业的“小丫头”另眼相看。

2006年11月，鉴于陈某的出色表现，公司领导一致同意，提拔陈某为企业策划部产品经理。至此，陈某在毕业不到两年的时间里，凭着自身的自信、勤奋、诚实、进取，在拥有600多名员工的企业中脱颖而出，成为人农药业中最年轻的一名中层管理人员，在公司的光荣榜上，她的照片旁写着"充满活力的年轻产品经理"。（根据保定职业技术学院提供的案例改编）

第三节　立足平凡岗位走向成功

一、树立终身学习理念

终身学习是指人一生都要学习，从幼年、少年、青年、中年直至老年，学习将伴随人的整个生活历程并影响人一生的发展。这是不断发展变化的客观世界对人们提出的要求。正是基于这样的认识，人们始终把学习当作一个永恒的主题，反复强调学习的重要意义，不断探索学习的科学方法。同时，人们也越来越认识到，实践无止境，学习也无止境。当今时代，世界在飞速变化，新情况、新问题层出不穷，知识更新的速度大大加快。人们要适应不断发展变化的客观世界，就必须把学习从单纯的求知变为生活的方式，努力做到活到老、学到老，终身学习。古人云"活到老，学到老"，这是人生哲理。在科技进步对职业演变影响越来越大的今天，终身学习更是做人的立身之本。只有不断补充、更新知识和技能，才能在竞争激烈的社会中立足，使自己有一个成功的职业生涯。事物的情况是在不断地变化，要使自己的思想适应新的情况，就得学习。只有不断地学习，终身学习才能适应外部环境的变化。一旦学习停滞了，适应就停滞了。只有做到终身学习，才能不断地获得新信息、新机遇，提高能力和素质。在激烈的社会竞争中，才能够立于不败之地，不断地走向成功。现代社会，仅凭学校所学知识和技能是远远不够的。就业后应继续提高自己的知识、技能和学历层次。只要有再学习、再创业的信心、勇气和顽强的人生斗志，去正视和应对所发生的一切，就能够获得更大的职业发展空间。

二、立足平凡岗位从小事做起

高职院校的培养目标是培养适应生产、建设、管理、服务第一线的职业岗位需要的德、智、体等全面发展的技术应用型专门人才，就业后所从事的大都是平凡的岗位。有的同学认为，在最基层的平凡工作做不出伟大事业，这种认识是错误的。社会需要各种类型、各种层次的劳动分工，社会的发展离不开各种普通、平凡的职业岗位。一个人能不能够有所成就，不完全在于他所从事的是何种职业，而是在于他能不能够很好地将个人的条件和职业岗位的需求统一起来，看看在这个岗位上自己能否干得了，干得好。如果干不了，干不好，再好的岗位也无济于事。同时，在思想上应当明确，在任何职业岗位上，只要努力工作都会有作为，为社会作出贡献。高职大学生要想成就一番事业必须从小事做起，踏踏实实做好每一件事。只有小事做好了，做成功了，才有可能发展自己的事业。小事做不了、做不好，何以能成就大业？在现实生活中，很多用人单位挑选应聘者往往也是这样看的。因此，勿以事小而不为。对于有志创业的高职大学生来说，开始阶段最缺乏的是经验和资金，而从小事做起是积累经验和资金的最有效的手段。大凡成功的从业者都有个共同的特点，即从细小之处做起，最终成就了大业。凡是资金雄厚、管理有方、经营成功的大企业都能够正确处理大与小的关系，都有"小生意大处想，大生意小处算"的经营理念。高职大学生要实现自己的职业目标和人生追求，应重视从最小的目标开始。首先确立一个小目标，将其解决后再集中全力向更大的目标挑战。取得成功后，再进一步确立更大的目标，这样苦苦奋斗下去，就会从山脚下一步一步坚实而稳定地向高处攀登，最终实现总目标。对于刚毕业参加工作的高职大学生而言，尽管在学校掌握了一定的理论知识，也具备了一定的实践工作能力，但离干好实际工作仍然有一定的差距。所以，无论干什么工作，都必须首先树立立足本职学习的思想，在实践中检验自己所学知识理论，要从理论中来，再到理论中去，如此反复，才能真正做到学用结合，学到真正的知识。

三、在实践中增长才干

工作能力的提高不但要求具备一定的理论知识，经过实践检验的工作经验也是我们必须认真学习的一项重要内容。这就要求我们在工作中不但要及时“充电”以弥补理论知识的不足,同时要善于积累、善于总结经验,理清思路,将工作经验与理论完美结合,这样才能事半功倍,迅速提高自己的工作能力。实践是个人理想得到最终得以实现的唯一途径。一个人的知识只有在实践中才能得到丰富、完善和发展。高职大学生只有在社会实践这个大熔炉里才能锻炼成长、成熟起来。要实现自己确定的就业、创业目标,也必须经历实践——认识——再实践——再认识的艰苦创业过程。实践不仅能使人获得能力,更使人获得高尚的品质。高职大学生要实现自身价值,其根本途径在于投身到人民群众中去,投身到社会生活中去,通过实践增长才干,获得真知,并在回报社会中升华自己的理想,实现自己人生的美好追求。随着社会不断地进步,职业也在不断地发生变化。要跟上时代步伐,不被社会淘汰,就要关注职业发展动态,根据社会需求,适当调整自己的职业发展方向,构建合理的知识和智能结构并不断地对自己的知识和智能结构进行动态调整,以适应职业工作岗位和社会发展要求。人一生下来不是什么都会的。科技飞速发展,日新月异,我们在工作中难免会遇到一些新情况、新问题,这时,我们就应该不耻下问,放下架子虚心向老师傅、老同志或正式员工请教,切不可心高气傲,不懂装懂,结果只能是永远也不会,最终害了自己,误了前途。一个成功的人、一个成功的企业离不开创新,高职毕业生要想在新岗位上站稳脚根,才能求得更好更快的发展必须培养创新精神,树立创新理念,这样保证自己思想超前、行为超前,人生之路才会越走越宽,永远立于不败之地。每个人都追求成功,梦想成功,高职大学生同样梦想成功,追求成功。成功离我们并不遥远。通过努力,我们也可以成功!有的同学认为,我们是升学考试的失败者,谈何成功。如果仔细分析很多成功人士走过的成功道路,不难发现,成功并不只是本科生和高学历者的专利,“天生我才必有用”,“三百六十行,行行出状元”,只要我们追求成功,脚踏实地去实现一个一个的小成功,那我们就已踏上了成功之路。

思考1:坚持善始善终让我保留了应有的职位

大学毕业后,我和几位同窗好友一同应聘到一家电子公司,试用期间,我们兢兢业业,勤勤恳恳,生怕一失足而成就业恨。转眼月底就要到了,我们也开始为自己的去留忐忑不安。果然,这天临近下班,业务主管通知我们说:"对你们的考查结束了,明天下班前你们就可以到财务处结账去了!"

"为什么?"我们问。"不为什么,这是公司的规定!"业务主管两手一摊,一副爱莫能助的样子。我们几个当时就傻了,让我们去财务处结账,这不明摆着要我们明天一下班就走人吗?走就走吧,也许我们还不是人家公司的最佳人选,我这样一想,也就无所谓了。然后,像往常一样处理手边的工作,我仍跟以前一样在段长忙不过来时上前帮他一把。其他几个人,则冷冷地坐在那里,段长有时叫他们帮忙,不是慢慢吞吞,就是爱搭不理。第二天上班,情况就更糟了,除了我正常上班之外,其他几个人来得都晚了,上了班之后便开始收拾自己的东西,一副随时准备离开的样子。临近下班,业务主管通知我们去财务处领取自己的工资。在走出接待室的一刹那,业务主管说,"你不带好你的东西吗?"我说:"不,因为还没到下班时间。"领完工资,其他几位同事对我说:"晚上一块喝'杜康'解忧去。"然后,转身离开了那家公司。我回到工作室,刚巧到了下班时间,业务主管还坐在那里,我冲他打了个招呼,便走到自己的座位前开始收拾自己的东西。他走过来按住我的东西说:"你要干嘛?"我说:"你不是让我们结账走人吗?"

"你说过因为还没到下班时间,所以明天你还要接着上班!"业务主管诚恳地说。"这么说,你让我留下了?他们几个也可以留下吗?"我高兴地问道。"他们几个不是已经下班了吗?假如让你们结账也算考验的话,能考出每一个人的真实素养。"的确可以考出个人的真实素养,我想善始善终的工作,不仅是一种责任,更是一种良好的品行。只有这样,我们才有可能得到成功的青睐。(摘编自《高职大学生就业指导》,北京邮电大学出版社,孙权、王滨有主编,第176页)

思考2:扮演好实习生的双重角色

实习是大学生完成学业中的重要一环,是开始“职业生涯”的前奏。实习的好坏直接影响着学业成绩的评定和就业经验的积累,所以走好这一步尤为重要。大学生进入实习阶段扮演的是双重角色,既是学校派出去的学生,又是实习单位的工作人员。

(1) 多看多听多干,眼勤手勤脚勤

无论哪个专业,在课堂上所学的理论与实际都存在着一定的差距。走进实际,你会感到新鲜、惊奇、迷惑。高大的厂房、先进的设备、优雅的环境、严谨的工作流程等都是你始料不及的,所以要多看、眼勤,看清工作流程,看清指导教师的演示。听是获取知识的重要途径,要认真聆听老师的讲解,做到听清,听懂。在团体实习时要更加注意。干是实习的目的,要抓住机会勤动手,克服惰性多奔走。没轮到自己操作时,可多做些服务性的工作,这样可获得更多的锻炼机会。文秘专业的张某在一公司实习时,每天都提前半小时到公司,收拾整理办公室的环境,分发文件资料,把办公室的各类小事处理得井井有条。办公室领导看在眼里,打从心底喜欢,加上张某天资聪慧,勤勉上进,受到大家一致好评。实习结束后被单位留用。

(2) 多问多想多小结,嘴勤脑勤

在实际操作中会遇到许多意想不到的问题,理论和实际在结合的过程中需要点拨。学土木建筑专业的李某和他的两个同学到一建筑工地实习,工长带着他们去工地放线。建筑是个半圆形的,先一天的定点,有几个被建筑工人弄丢了,线无法放下去,想问工长又怕丢面子,因为这个问题好像太简单。不问,线放不下去,凭估计去做又感到责任重大。最后,只得打电话求助于院校老师。问题是解决了,但令李某头疼。其实,他不必要把问题想得那么复杂,你是来实习的,不懂就要问,不能碍面子。无论是在机关还是在工厂、酒店等实习,都不要怕说“我不懂”,遇到难题应多问多想多小结,嘴勤脑勤多开动脑筋。

(3) 注意形象,忠于职守

在机关你是国家公务员,在工厂你是工人,在医院你是医生、护士,你的形象不仅代表了你自己,更重要的是代表了所在单位的形象。实习中应以职员的标准要求自己,严格遵守单位的规章,时时刻刻为单位着想。师范生王某在某中学实习时，课堂上一学生突然昏倒，她丢下课本，背上学生，打车赶往医院，没想到医院电梯坏了，王某背着学生一口气爬到七楼急诊室，结果自己晕倒了。等她醒来，看到的是含泪坐在自己身边的学生家长和学校领导，这是一种了不起的精神。

(4) 立足本职，不怕苦累

基础设施建设、工程技术、高级技工的实习是十分艰苦的。建筑中的水、暖、电，技工中的焊、钳、维修等对实习生来说不光是学习、锻炼，更是毅力的考验。没有立足本职的思想，没有不怕苦、不怕累的精神是不行的。在北京建工集团实习的学生要和工人们一起同吃、同住、同劳动45天。但有个别学生干了不到20天，便开了小差。既然选定了这个专业，就应该用正式职员的岗位职责来要求自己，克服“适应期”中的困难。成功路上多坎坷，没有付出难有回报，只有坚持才能胜利。（摘编自《高职大学生就业指导》，北京邮电大学出版社，孙权、王滨有主编，第182页）

参考文献

[1] 《国务院办公厅关于加强普通高等学校毕业生就业工作的通知》(国办发〔2009〕3号)。

[2] 《教育部关于当前形势下做好普通高等学校毕业生就业工作的通知》(教学〔2008〕21号)。

[3] 《教育部 人事部 劳动保障部关于积极做好2008年普通高等学校毕业生就业工作的通知》(教学〔2007〕24号)。

[4] 《中华人民共和国就业促进法》,2007年8月30日第十届全国人民代表大会常务委员会第二十九次会议通过。

[5] 《中华人民共和国劳动合同法》,中华人民共和国第十届全国人民代表大会常务委员会第二十八次会议于2007年6月29日通过。

[6] 孙权,王滨有. 高职大学生就业指导. 北京:北京邮电大学出版社,2005.

[7] 王岫岫,等. 高职大学生就业指导. 杨陵:西北农林科技大学出版社,2007年8月。

[8] 宋平,等. 高职大学生就业指导. 西安:陕西人民出版社,2007.

[9] 周其洪. 起航:大学生就业指导. 北京:中国国际广播出版社,2008.

[10] 高桥. 大学生就业指导. 北京:清华大学出版社,2007.

[11] 陶中书,等. 基于市场需求的高职学生就业能力培养的思考. 中国职业技术教育,2008(15).

[12] 2008年就业市场将呈现四特点. 深圳特区报,2007.

[13] 吴琪. 关于大学生职业生涯规划的调查分析与思考,中国大学生就业,2007.